馬衍集

（清）馬衍 撰

趙廣明 梁恒豪 編

社會科學文獻出版社

羊山磬莊先生語錄卷之一

教下程懷儲錄
門人黃周星校

順治八年秋七月先生訪友至蕪陰主汪臣則寓居汪彥元程幹臣程公哲曹文衡蘇聿修蘇乾初汪天任等贄見明年壬辰春胡于禮贄見留先生住赭山西麓汪氏斗園夏四月宣城俞去文徐次履見訪集諸信學之士問易學宗旨

先生曰易學宗旨知知立人而已何以明之易曰乾知大始又曰立人之道曰仁與義天地之交為大始天地交而真象立唯知本象則唯知統天地唯統天地為大則唯知為大大始即知

日月之麗天彼儀秦者直為學者所不屑道則知彼一時之烜赫震驚猶爝火之宵行世人眼孔未開不能外此有見遂為之眩惑耳由從橫之術行遂成兼并之勢至火坑禍作乃有倡為仙佛者出設為權術以救度眾生使之越苦海而登覺路踰弱水而躋蓬萊無可奈何之法也然非仙佛憑空創立實本天地固有之道若仙佛無本可據。即成惑世誣民。亦何能久延世外。為世所崇信不替。蓋皆有見于萬物之終始者也。萬物之終。終于塵空。塵空為未交之天地。萬物之始。始于渾沌。渾沌為未分之一氣。天地以生人物成變化為大。以未交未分為小。一氣分而流形有品人物斯別人物別而貴賤有等惟能立人辨物而藥何也猶人首蒙被中不見被上文繡目在面門不知兩頰紅黄必出頭見日把鏡拂塵而後知也欲煉鉛成丹者可即求之于鉛而止耶可即依據參同契諸書彷佛擬之以望其成為了性命之大事耶嗚呼豪傑之士不與世俗之渾沌不開火坑之禍曷以底止出于世者沾染宿習奮發求道無路可入非強生節目妄立異同即支離牽配混言三教一家最為可厭可鄙言一家者依傍玄門糟粕居多。立異同者窠臼理學雲霧為多。皆不足與辯殊不知所謂三教者世俗之習見。非學而有真見之言也。教欲分三則以申韓之法律與伯陽之丹慧遠之淨土當之乃可不可以孔老釋鼎足稱也申韓為道德之賊老釋與孔處力參到有得于心則心病不却一生應事接物不能無喜怒哀樂風寒暑濕内外偏失之病非習靜聽息到有得于身則身病不除性命雖分為二若性學到手命自不必言矣夫道一而已矣豈有長生無生之分長生一門何又分性學命學又有性中之命命中之性于此不知學易以盡天地之變化則不足以冐天下之道不足以冐天下之道從何證據

仙佛各立由于井田既廢學校不興民不生生身心莫能兼養之故大勢至此不得不分仙本身之氣佛本心之空心得用而轉物物皆我心而淫房酒肆掉臂往來任運逍遥化苦海為極樂國土矣氣成形而齊物物皆我身而呼牛應牛呼馬應馬游

軀抹倒此氣看我能思慮語言之物何所自始何所歸着大起疑情畢要求个了徹得遇至人指之從目前事物名實上究入以盡齊物之宗旨一旦恍然不疑則漆園之大知大年在我實證長生不死之道以知天之申命逍遥過日回視以氣為命者有不足言矣此為玄門性學

氣學衹見氣在能言氣絕無聲縱觀天地萬物生死成毀莫非一氣之變化欲求長生之道只在得此一氣故竟以性學劃開斷斷無疑從氣入手從氣結局所以有氣學一路而指現在起心動念者為性一得真氣凝然不動此起心動念之物遂沉入于氣冥然杳然便覺登峰造極一着在此並不知更有所謂性

底於天地之初交則是莫不根底於斯文也文實天地之心生天地之初交天地之心也心生而言立言立而文明文何以明以語言文字明之也惟人能言惟言能別萬物惟別萬物之謂明萬物皆相見之謂明萬物非人不明則文明在人而萬物皆備於人矣顧我曰人則萬物皆備於我矣疑則不明明則不疑惟斯文統萬物之終始故惟斯文為至博惟博斯文為大明博之至為博厚明之大為高明志此為篤志問此為切問思此為近思惟心為切惟身為近惟切近而博厚高明舉其中而有禮以約之人與天地參矣

天地之初并天地不可得見真天惟空真地惟塵空不可見不

馬啓庄語錄 上

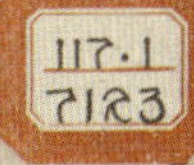

馬醫症語錄 下

『知』本論：馬衍哲學初探

程智（一六〇二至一六五一），是明清之際重要的哲學家和宗教思想家，由於各種原因，其著述傳世極少，幾近匿跡，鮮爲人知。經過多方努力，我們從國内外搜集到程智著述近二十種，約爲其平生著述的一半，結集爲《程智集》，於二〇一九年影印出版，從而爲明清哲學和宗教思想研究提供了一份全新而重要的資源。程智是開宗立派的人物，他哲思精深，會通儒釋道三教，以大易爲本，創『易教門』，在當時的江浙皖很有影響，黄宗羲視之爲教主。[一] 目前，對程智思想的研究，對程智其他著述及相關資料的搜尋工作，正在積極推進中，程智最重要的及門弟子和思想傳人馬衍的《馬磐莊語録》清朝孤本的發現與影印出版，是這一工作的重要進展。《馬磐莊語録》的發現與出版，不僅能進一步完善和深化我們對程智思想的認識，而且將馬衍這一重要人物的學術思想相當完整地呈現出來。這意味着，從程智到馬衍，明清之際一脈重要的學術思想資源，包括其産生、發展、演化之系統生態，得以冲破三百多年的歷史遮蔽，首次閃亮登場，這關乎儒、易、道、釋，關乎明清之際的學術思想、宗教信仰、價值觀念的探索與轉型等諸多方

〔一〕 趙廣明：《程智宗教哲學思想初探》，《世界宗教文化》二〇一九年第二期。

面，其學術價值不可估量。

關於馬衍，初見於程智弟子湯二祐等編纂的《大易師雲莊亟士程子年譜》中。

> 順治五年戊子，師四十七歲。
>
> 秋九月，馬衍來從學，師命爲侍者。先是，師以諸同學俱有家累，不能隨師出行，欲覓一無累之人爲侍者，托遽莊。至是馬衍奉遽莊書至石波，師時在城未歸。衍留石波候師。師歸，遽莊自梅社至，再拜，求師收馬衍爲侍者，且言其不娶、絶私、志學，甚合教規。師因許。〔一〕

在程智生命最後的時日馬衍一直陪侍在側，從程智年譜看，程智諸得法弟子對馬衍多有微詞，涉及馬衍對程智患病時的照料以及程智後事的處理等方面的問題。關於馬衍的另外一條材料來自金天翮，在其《皖志列傳稿》中，提到馬衍『竊其師之教，别結徒黨爲非常，受顯戮，其教遂中絶』〔二〕，但不知其所據。後經李志鴻、蔣智明等學者多方鈎沉，馬衍的情況纔逐漸清晰起來。

據清楊宜崙修、夏之蓉等纂，嘉慶十八年（一八一三）馮馨等增修，道光二十五年（一八四五）范鳳

〔一〕趙廣明編《程智集》，社會科學文獻出版社，二〇一九，第九三四頁。

〔二〕金天翮：《皖志列傳稿》，臺北成文出版社有限公司，一九三六，第一一七頁。

諧等重校刊本《高郵州志》卷十《人物志·寓賢》『馬長逸』條記載：

馬長逸，蘇州人，居羊山磐莊，自號畸人。少時篤志聖賢之學。奉新安程雲莊爲師，於易深悟會通。謂：易冒天下之道，大本始於乾坤二元，大旨盡於知知立人。以孔孟爲正宗，老釋爲支庶。教人必於目前事物上證入。四方志學者，禮延講學，隨問付答。窮高入微，口如懸河，靡不令聽者神聳。公卿大夫，執贄受業者不一。畸人以師道自居，非北面致敬，輒不往。然求教者，大都在静息卻病之法。畸人志廓落，不能久淹也。嘗於康熙十二年，應吾郵孫虞橋吏部之請，倚杖愛日園，發明愛日真際，講求道之大本。易學通乎天地幽明，輔相裁成之全體。一時傳爲盛會。晚年欲以著述垂不朽，書不多見。其存者，門人哀刻《羊山語録》十二卷。

又據清秦達章修、何國祐纂，光緒三十一年（一九〇五）刊本《霍山縣志》卷十一《人物志·流寓》『馬衍』條記載：

馬衍，字長逸。蘇郡人，師事新安程雲莊，得其絶學。凡諸經、子、史、箋、疏、傳、注、性理、藝、數、奇耦、音律、兵、農、水利、句股、曆法、測驗、占候，以及佛老諸書，靡不攬要窺奥。盡日枯坐，無一言，雖大智莫測。所以又工吐納術，病危殆，但能豎脊坐者，得其術，無不活。其來霍，年纔二十七，久居河北灘，亂後，不知所終。〔一〕

正是由於這些材料的幫助，纔有了《馬磐莊語録》這一珍貴古籍的發現。《馬磐莊語録》收馬衍語録十二卷，缺失第十卷，另收答問二卷，以及後集馬衍詩、銘等二卷，共計十五卷，後有孔尚任寫於康熙二十七年（一六八八）的跋。馬衍語録第十一卷中，馬衍自述二十三歲經袁遽莊推薦於石波學舍贄見程智爲師，由程智年譜可知，這一年爲順治五年，即一六四八年，由此推斷，馬衍出生時間爲天啓五年，即一六二五年，小程智二十四歲，其所終何年何地仍然不清楚。語録第一卷講録的時間是順治八年（一六五一）秋七月，也就是程智辭世的前一個月，馬衍時年二十六歲；語録第十二卷，即語録正講最後一卷，講録的時間是康熙二十六年，即一六八七年，馬衍六十三歲。據《霍山縣志》，馬衍是在程智辭世後不久就到霍山，久居河北灘，亂後不知所終。對此，刊刻《馬磐莊語録》的馬衍諸弟子並未語及。據乾隆《江南通志》記載，馬衍年九十餘卒，如果屬實，一六八七年以後，馬衍隱居著書立説的可能性是有的，正如《高郵州志》所述，『晚年欲以著述垂不朽』。這方面的情況，有待進一步的資料。

〔一〕　李志鴻：《程智與明清之際道教龍門派新探》，《世界宗教文化》二〇二〇年第五期。

關於《馬磐莊語録》，孔尚任的評價比較中肯：

> 近復受監督河工之命，訪道廣陵，得見羊山語録，真能脱盡窠臼，抉破樊籬，獨證先聖之道於目前事物，得其至簡易至平常之精韞，而泛應隨機、因機利導，引諸子百家以歸於大中至正，其有功於我道不小。其中間有與余不同者，尚期王事告竣，參證有日。（《馬磐莊語録·跋》）

孔尚任對馬衍的學術風格、思想特點把握得比較到位。作爲孔門嫡傳，孔尚任對馬衍弘揚其先聖之道的貢獻頗爲贊賞，但他明確意識到馬衍之道與孔門之道顯然不盡相同。在我們看來，這正是馬衍思想的意義所在。通觀《馬磐莊語録》，基本内容集中於闡發易學宗旨和玄門之道兩個方面，前者旨在知知立人，後者從静息入手，辨性學、命學之要。馬衍秉承程智極數辨物之學，以易爲本，會通三教，融貫其精要，體貼翻新，對師門既有繼承弘揚，又能獨辟理路。馬衍對知與物的辨析，頗能説明問題。

知與物是程智思想中的核心概念，這兩個概念體現出程智對宋明理學格物致知思想的反思與創新，而反思與創新所憑借的關鍵資源是易學。程智論易，以立人爲大，以知知爲究（《雲莊程先生大易三兩説》）[一]，《馬磐莊語録》第一卷開篇講易學宗旨，馬衍將程智的立人與知知合而爲一：『易學宗旨，知知立

〔一〕 趙廣明編《程智集》，社會科學文獻出版社，二〇一九，第六〇頁。

人而已。何以明之?易曰：乾知大始……唯知統天地，唯統天地爲大，則唯知爲大，大始即知始，知知即知大，知大即知始，知始即乾始。』

講這話時的馬衍還是程智的侍從，那時，他不僅能够深入領悟師門要義，而且開始有所思。從後來的語録看，馬衍在這個問題上的思考不斷深入。『至道之要，衹有一件東西』，語録第六卷，馬衍圍繞這句話展開了一次經典的海德格爾式的講道。這件東西從何處尋?從眼前飲茶用的這件磁甌上尋。磁甌來自水土火，成爲圓堅白，實爲色質形……這是一種認知性追尋路徑，求的是所知，是面前對象和物的然與所以然。接下來，馬衍翻轉這一路徑，轉向不消費力的路頭：衹要立志去尋，一尋即有。這是從所知到能知的現象學翻轉，這翻轉從知開始，從知知開始，知『知本於意，意本於心，心本於身，心本於父，父本於祖，祖本於曾高，直至始祖，追到最初之祖，以至於天地之二元，二元並立，其象乃見』。所知是物，是磁甌，是經驗認知之物，磁甌可盛茶飯，可養身滋生，此爲『生』；能知也是物，也是磁甌，但關乎的是知—意—心，以及由此而來的反思，反思物之爲物的先驗根據，由知而心意之主體性，而身之譜系與父祖之孝，而天地並立，是爲『生生』，由此關乎的是物物，此物物之生生，關乎的不止是肉體之生，還是人的性命，是人安身立命的根本，也是天地萬物的根本。而這一切的根基，物與物物、生與生生、經驗追問與先驗反思的根基與道樞，盡在一個『知』字。『至道之要，只有一件東西』，這件東西就是『知』。『知』在磁甌，『知』在天地，唯『知』使天地萬物歸之於這一磁甌，唯『知』使這一磁甌直通天地。天地一指也，萬物一馬也，天地萬物一磁甌也！莊子的精髓由此盡顯。從語録看，馬衍對莊子的齊物思想格外重視，莊子思想已經融入他的知知立人易學之中，特別是其知—物之論，這也是他能够繼承師道而能有所創新的重要原因，值得深察。

從馬衍的磁甌之辨，可以清晰看出他對程智以心、知立人思想的繼承與發展。在《東華語録》第三日正講中，程智直言[一]：『所謂立人者，立心也。立心者，立知也。立與倚對，倚天倚地則不立。』程智由心知而立人，立人於天地之中。真知有二，一曰天知，一曰人知，知天知之知，即是人知；人知天知，天知即在人。知即知天，知天知人是一不是二，即爲『乾知大始』，即爲『知知立人』。馬衍充分消化程智以心知立人的思想，又體貼翻新出幾層意思，特别是對知的强化與提升：其一，『對物乃知』，知物不離，即物立人言道，天地亦物，知止於物、止於天地，六合之外不存不論，以此斷仙釋二教天地之外、之上『非分』之想；同時又不乏對天地元始的形而上與先驗之思，不止於唯物。其二，將認知論與儒家孝悌倫常道德分别開來，各得其所，互不干擾。其三，以知爲本，『人心立於天地之始』，强化人的主體性和獨立性。其四，以知爲道，以知爲乾知，爲大始，確立的是知的宇宙論、本體論和生存論，知由此成爲人安身立命的根基，成爲宇宙萬物之道樞，這意味着中國思想史上古今之變的一個重要契機。

〔一〕 趙廣明編《程智集》，社會科學文獻出版社，二〇一九，第五一八頁。

馬衍接續程智並發揚光大的『知』本論，是明清之際中國哲學思想探索與轉型的重要篇章，要澄顯其意義，需要考察其對王陽明良知思想的繼承與突破，需要對觀同時代的方以智等人的相關思想，需要考察這種『知』本論所體現的理智主義對清季學術特別是章學誠和戴震思想產生影響的可能性，胡適當年對這種可能性有所覺察，但因找不到程智一系的任何直接材料而未果。這些問題意義重大，有待專文論及，在此僅就乾知與良知的關係略作交代。

牟宗三曾專論乾知與良知的關係。關於『乾知大始』的知，他肯定朱子的注，解知爲主，主管、主始、主宰的意思，由此乾知與良知可通。『良知講到乾知的地位，乾知就代表「心」。這個心是道德心，不是認知心』，『這個良知代表活動，代表虛靈明覺，不是知識活動。良知知是知非，知善知惡，不是科學知識上的是非，不是知一個對象，不能從及物方面了解這個知。道德價值上的知，從及物的知收回來而虛靈明覺，決定一個方向，它就是主宰，給我們一個存在的道德的決斷。不是從「知」字往外看，看知的對象，是收回來，看它的主宰』。〔一〕『收回來』三個字用的極爲精準，陽明良知心學把乾坤萬有『收回來』，回到良知這個本心之基，把知從及物收回於心之一點靈明，以之爲天地人神宇宙萬物之根基，之道德性根基。知與物分開，良知與認知活動分開，內與外分開，並最終統統泯然於儒家之仁義道德。牟宗三視之爲

〔一〕牟宗三：《周易哲學演講録》，華東師範大學出版社，二〇〇四，第九四、九六、九五頁。

一種超越的存在論，實爲絶對主義的儒家道德本體論。

『收回來』很重要，『放回去』同樣重要。『着實路頭無別，衹有一順一逆』（《馬磐莊語録》第六卷），逆上去、收回來，是由經驗之知到先驗之知，是知『磁甌—水土火—圓堅白—色質形……知—意—心—身—父—祖—曾高—始祖—最初之祖—天地二元—天地二元之交—天地二元之交之變化』；順下去、放回去，是從先驗之知回到經驗之知，是知『天地二元之交之變化—天地二元之交—天地二元並立—最初之祖—始祖—曾高—祖—父—身—心—意—知……色質形—圓堅白—水土火—磁甌』。形而上與形而下，先驗與經驗，物物與物，生生與生，我與物，內與外，認知活動、道德活動、宗教活動，盡在眼前這一件磁甌之中。馬衍磁甌之辨，切中的是儒家道德主義的命門。

是故，乾知不等於、不盡於陽明一系的良知，這層意思需要突破陽明心學和儒家道德主義傳統，到程智馬衍那裏纔能清晰。知知立人不止於道德，而是道德的根基，是比道德更爲根本的本體論根基，知不僅爲道德奠基，同時也是認知、宗教以及人和天地萬物安身立命的根基。這種『知』本論，在西方歷史悠久蔚爲大觀，乃是人類近現代文明的一個基本前提和基礎。置身於中西對比和古今之變的視域之中，方能澄明明清之際程智馬衍一系思想探索的意義。

馬衍博學深思，窮高入微，涉及廣泛的學術領域，知物之辨衹是其中一個重要方面。作爲全新的重要學術資源，其易學、天地二元觀、氣論、三教之辨、丹道、吐納等方面的思想，有待各領域的專家學者進行研究。馬衍静息卻病之術高超，名聞遐邇，求法者衆多，但他篤志於道而非術，志在醫天下之病而非醫一身之病。他在語録中，一再抨擊秦坑之後，天地失序，懷擊壤之志，歎天道不存，欲承師道以知知立人倒轉乾坤，可惜生不逢時，其志難遂，不知所終。

感謝李志鴻研究員提供他校點的《玄宗旨》，此文爲明末季芬（蕙纕）所傳道教内丹文獻，涉及程智和馬衍與道教龍門派的淵源和譜系，是重要的一手資料，附録於後。季芬乃程智早年入龍門派時之師，《玄宗旨》内容與《覓玄語録》相關，己丑年刊本《覓玄語録》卷二『修真直指』直接標明爲『程雲莊先生口授』，其内容與季蕙纕《玄宗旨》第二篇《直指口訣》大同而小異。《玄宗旨》文末提到的『常有馬先生』，據考證，應該就是馬衍。以上相關内容見李志鴻《程智與明清之際道教龍門派新探》一文。[一]

最後，要特别感謝浙江圖書館，感謝張群女士和曹海花女士的幫助，她們相繼提供了《雲莊程先生易學要語》和《馬磐莊語録》兩部珍貴的清版古籍，令人對其豐富的古籍收藏充滿期待。

趙廣明

辛丑正月　西山庭院

〔一〕李志鴻：《程智與明清之際道教龍門派新探》，《世界宗教文化》二〇二〇年第五期。

目録

馬磐莊語錄 上

羊山磐莊先生語錄卷之一

教下程懷儲錄
門人黃周星校

順治八年秋七月先生訪友至蕪陰主汪彥則寓居汪彥元程幹臣程公哲曹文衡蘇聿修蘇乾初汪天任等贄見明年壬辰春胡于禮贄見留先生住赭山西麓汪氏斗園夏四月宣城俞去文徐次履見訪集諸信學之士問易學宗旨

先生曰易學宗旨知知立人而已何以明之易曰乾知大始又曰立人之道曰仁與義天地之交為大始天地交而真象立唯知本象則唯知統天地唯統天地為大則唯知為大大始即知

始知知即知大知大即知始知始即乾始唯乾統坤乾以大始坤以大終乾坤統萬物之易仁義盡萬事之常易成變化常定禮樂修明于宗廟極深于象數神化于知能建中于天地知周萬物道濟天下知知立人而已

先生曰諸位皆以畸人稍知易學而來則是皆有學易之意的了請問諸位古之聖人作易為何事今人要學易復為何事荅曰欲知吉凶識趨避耳先生曰吉凶趨避且置如何是知吉凶之知識趨避之識知與識是一是二諸人無以應先生曰知識是我吉凶在事欲知事之吉凶先知我之知識我不知我以何物去知事諸位謂學易能趨避吉凶不過因宋儒言易為卜筮

而作耳宋儒何不思至此何輕視易學至此易曰易有聖人之道四焉以言者尚其辭以動者尚其變以制器者尚其象以卜筮者尚其占何乃去辭變象而獨言占也且今世之卜非古人之占古人之占以德以天今人之卜用僞用術欲趨避吉凶而憑今之僞術適足誤事宋儒身隨術家圖禎不知其僞并以此視聖人之道亦不思之甚者也易學在明物安身于行事實亦莫切于知吉凶一知吉凶自識趨避學者務在求知古人之易盡辭變象之故以知我之知識我之識則于事至物來表裏洞達無有能遁其情者矣由仁義則吉違仁義則凶立人之道曰仁與義我行我道而已何趨何避

問易何所自始先生曰始于乾知曰乾知何始曰二元曰二〻元何始曰元即始始即元唯二元無始所以為易之始

問易曰易有太極是生兩儀何故周子曰無極而太極先生曰易道盡天地之變化唯羲文周孔四聖人知之乃作圖書以垂示萬世為人道之根柢準則圖者羲皇所畫之象也書者文周孔三聖人所係之辭也圖書立而象辭備象有變辭有占君子居則觀象玩辭動則觀變玩占學易之事于斯為至此豈後儒可到即孟子亦不置口于此見得此非輕易開口所在且四聖人著作已備不容贅一言也即此見孟子之智孟子學易之微也自古聖賢未有不學易而能開口為人者孟子之後學絕道

喪遭火坑之世禍亂相仍生其後者竝未知象是何物辭是何指咸肆其臆說以講易註易是皆墮入雲霧全不知利害者何足與辯但求真志學易之士向目前事物上致思力究求實證實得則于古聖人之言可條分縷析灼然不疑其餘可不辯自明矣苟無真學者即明辯之誰能聽之今既問至此似又不能付之默然適童子捧茶至先生曰且退喫茶各自思之待明日再說

第二日先生曰諸位于昨日所問還思得進麽皆各呈己意問答不錄先生曰易有太極是生兩儀聖人之言也周子全然不顧逞其臆說曰無極而太極作一黑白交互之圈子而指之曰

太極圖下復牽連以五行而不及兩儀四象見聖人言四象復以陰陽分老少配之竟不思陰陽是何物而有老少是皆不足與辯自是方術家鬼眼精無涉于古人之真象真數有真學者出自能知之辨之但真學者不世出實增聖學障蔽所以不能默然也請與諸位畧一辨之易者何二元易也二元易而太極立二元者何一元有極一元無也有極為地極無極為天極天極地極非太極也太極者三極也有極無極非三極也不交則小交則大大太即大極則如屋之有脊至極之象更無可去之處也天地未交為虛空是為真天真地推天之始極于真天推地之始極于真地天不受地地不離天地無不至天無不碎碎碎

無體則不易矣不易則無名此為小始小極唯易有太極是為大始真地真天夾立天邉際地地邉際天兩際一至太極乃立兩際一至是天是地非天非地究為何物學者于此力求而自得之庶于易道有入處此處關係匪細諸位且退自思之

第三日先生曰易學直到孔子乃有教人入門之法直到先巫士而先聖教人之法乃備乃立極數定序三門辨物門辨色門辨塵門辨物百二十題目分十二章辨色四十八題目分三章辨塵五十題目分三章以盡天地變化之象數此先巫士之易也易曰極其數遂定天下之象古之聖人待人甚厚以為天地既生我能知天地人之道則天下後世之人與我同生于天地

自能知之不待著作遺之而後知也不得已而立象以垂教此羲皇之畫也象只一畫畫有兩面有兩面則有中有中則有左右盡一畫之變化有六爻盡六爻之變化有六十四象開至六十四收只一畫此羲皇之易也並無語言文字意謂即此已多矣不意天地生人愚不肖者多而賢智絕少小智者常有而大智絕少孟子以五百歲為期而不知至聖之生并非此期可定自羲皇垂象之後至文王而易道復興中間曠絕無人文王乃憂之始作書以詳示後世周公繼之孔子終之而易為周易矣易至孔子乃大彰著孔子之後竟無傳人可見天地生人之不易如此易道之興亦如此其不易直至有明萬曆三十年而先

亟士生年十四即知仰觀俯察以起大疑日夜不休以求真得至盡知天地之變化而猶未讀易書信周邵之說力求有年無當于天地不通于自心始知其謬而棄去及讀易書而證實于大傳以通三聖人之易年四十作極數定序以詔來學自孔子既沒亟士未生中間復曠絶無人較羲皇與文周為更遠異端曲學最盛而先亟士之知易與易為更難唯時與勢更難而先亟士之易道亦更精密此非真學者出必不能知不能信也豪傑之士但看極數定序自能證之于天地信之于自心見之于言行達之于事業有非異端曲學所能掩蔽者也欲看極數先看著法乃立著法定序十目曰掛一曰歸奇曰參伍以變曰錯

綜其數曰十有八變曰乾坤之策三百六十曰引伸曰觸長曰四營成易曰二篇之策萬有一千五百二十若有豪傑之士畜學易之志須擇日齋戒通之父兄父兄許之乃求紹介通志于先知之士執贄于其門燕居相見畢述辭通志于先聖先師位前退就先知室中求示誨先知為之隨方開導以啟發真疑真志學者果有真疑真志或往來輔相于外或身職事于内務通同志之友守道之業以安餘夫之位將終身於斯道更無他歧之惑矣然後請命先知之士求看蓍法聚同志于一堂朝夕研悅就證先知之士庶見門庭規矩今不得已略言其大綱以正向來之誤諸位須着意聽之向來朱子有揲蓍之法列于其本

義之前不過用以卜筮牽配聖人之辭支離繁瑣絕無意義不如用三文錢簡便故今竝不用之此不足論至先亟士立教乃以蓍衍易之數示易之象為初學入道之程途始見先聖大衍章之精義惠我後學之深心即先亟士自謂亦云若無孔子係辭易學幾無入處當時及門之士先後竝看蓍法定序亦皆有誤各執己見不能會通此更關係非細不得不對衆略正之

大衍之數五十其用四十有九則已有不用者在矣不用者即不易者也不易易之根也易曰不易乎世不成乎名此之謂也以四十九分而為二以象兩則必有一不可分者掛其中矣不可分之一與不易之根有別矣今試觀果核中之仁其始發之

萌倒入于土内成根矣兩瓣向上其中復有一萌開為兩葉于此可會其象

分而為二以象兩即兩儀也儀為何象象仁義根心之所自此天下之大分也立人之道蓋本諸此儀字之文從仁從義人即仁也

先生曰天地之始為元天地之交為易易之元有二唯二乃能交以象三分以象兩也易曰大哉乾元至哉坤元乾有乾之元坤有坤之元二元為對峙乾坤不竝立

分二象兩掛一象三要在分二上看掛一既分為二矣光光是二一在何處有一可見即非掛之象矣既無可見何以知有掛

一以其用四十九而分也四十八皆偶偶則可分有一不可分之奇在焉此處尚未可謂之奇也蓍之陳于櫝者五十此大衍之數也今乃握取四十九出櫝用之任手分二其不可分者何在其在左乎在右乎定不得在左在右乃謂掛掛一象三對兩成參參以變四即以所分之二左右各揲之以象四四中有伍伍不可見以所揲之四逐一分握于左右手左以右數右以左數二莖為偶逐偶尋奇得奇扐住審其真者以定卦易曰歸奇奇于扐以象閏有二奇則成一偶共有七奇一真六假

若太極中立則兩儀無位唯分二掛一乃本兩起參一以象三二以象兩參變四而本三伍變八而本參錯其數以緯觀之綜

其數以經觀之易曰參伍以變錯綜其數列之圖象則成八卦數其變則十有八易曰十有八變而成卦八卦而成引伸觸長則成六爻四營而成六十四象為大成易曰四營而成易十有八變而成卦變雖十有八不出乾坤二畫乾以九數之坤以六數之合得三百六十策四營成六十四象得二千八百十為一合得萬有一千五百二十策收之止是二篇二篇止是一簡為坤能唯簡從易易為乾知

第四日先生曰聖人之道盡情斷送于兼并之世直到宋儒憑空提出亦可謂豪傑之士但宗旨未清動輒言道言性究屬支離儱侗隨入雲霧至陽明一派舉唱良知似乎切實又不知歸

重仁義易混于佛其無善無惡一句可證誰為捃雲霧以開青天者唯先巫士舉知知立人為宗旨直接四聖人易學心髓一亙晴空纖翳盡滅使長夜復旦斯人耳目為之一醒大非細故諸位既信得及畸人不惜唇吻略舉大要切莫等閒聽過聽作等閒實是可惜古人最重能聞每每説聞道而不言悟蓋唯能聞即是悟機也諸位果能因聞起信因信求入庶不負畸人開口動舌諸位庶亦不自負一點相信之意語云學而不思則罔思而不學則殆學在問人思在自問問人自問兩不可偏方能有進聖人以好問好察贊大舜蓋以此也諸位不患無處問但患不能思耳不能思并不能問矣孟子曰欲貴者人之同心也

人人有貴於己者弗思耳不知所貴即不得為貴不得為貴則淪于賤矣人肯甘于自賤而不思求貴乎請諸位思一思看天地間何物最貴皆答云人為貴先生曰人何以貴皆不能答又問曰人有手足軀幹耳目鼻口心意知能何者為貴答云心為貴徵云心何以貴皆無對

先生舉苹笏曰是甚麼皆答云苹笏先生曰苹笏是物何以知其為苹笏舉以問天地天地不能知問鬼神鬼神不能知問鳥獸鳥獸不能知曰苹笏則唯人能知耳人之所以異于物者此知也人之所以大于天地者此知也所以靈于鬼神者此知也聖人之所以同于衆庶出于流俗者此知也所以統乎仙佛別

乎仙佛者此知也所以盡變化之道通神明之德類萬物之情極修齊治平之大業者此知也今人一事有知則忻然色喜一事不知則赧焉愧縮忻則榮赧則辱榮則安辱則危榮安則貴辱危則賤舉世忙忙碌碌日夜不休以趨榮安避危辱而不知真貴之所在則所趨者皆危辱之地賤丈夫之事永與榮安背馳矣人心惟危道心惟微不求知此知則微處不到微處不到則動輒粗浮落偏偏則危也且道此知是何物其有聲色乎其無聲色乎其有形質乎其無形質乎先亟士有乾知一問曾留心一看否知與乾是一是二還知得麼易曰乾知大始坤作成物乾以易知坤以簡能易簡而天下之理得矣聖人之言如此

其深切著明而後儒若未常入目者何也以先有世俗聞見之習橫于胸次不能虛中以求自得于心耳天下之道有能出于知能之外者乎不能究我知我能所自來可謂之道乎有知則生無知則死一辨知能而死生之説破矣人之最切己者莫過生死最難通者莫過鬼神與幽明而死生之説鬼神之情狀幽明之故一辨知能皆可實證于目前事物之上此易學之所以廣大悉備為統天地人之道也幽明死生鬼神此三者人心之大疑也人心之疑觸處皆是要其大端無過此三者人心不離事物應事接物有疑有感疑本于天地之為物感本于人事之不平人于應事之際亦觸處皆感郤不出六端滿欲一適意一

忿怒一哀憫一畏懼一欣羨一舉世奔趨爭競晝夜營營無一息之寧無非求滿我之欲適我之意力求不遂則忿恨怨怒横生忿怒之極至敗壞決裂而哀憫隨之或少成略就即過自矜眩致來忌者之中傷至不可收拾然後知世事之斷不可為斷無結秀反之于內茫無畔厈方知尋我性分中故有之事方知真富貴乃道德之華非行險徼倖可得惟我先聖生榮死安廟食配天子孫永保世富世貴豈世俗王侯可比聖人之言垂之典册為萬世法程從之者吉違之者凶其論小人情狀如見肺肝禍患之來皆其自取苟良心未喪必有畏懼欣羨二端欣畏一動即是入道之機先亟士有三疑六感説言之詳矣三疑六

感為人心之所同然人心有疑必求釋有感必求平非學易以知天地變化有斷不能釋平者極天地之始于塵空。塵不離空。空不受塵。空不可名。名即是塵。空不可見。見即是塵。空唯一。碎在塵。碎塵在空。碎空則無生之面目見矣。空之碎塵。惡地性之執也。塵受空碎。碎碎無體。執性既盡。乃能順天承化。化生萬物。而長生之面目見矣。天地之道。分則為塵空。交則為色虛。立我別物。乃生知能。而成易簡之善。此吾人生生之道也。生生之謂易。唯易簡乃生生。知無生則知天之始命。知長生則知天之申命。唯知生生乃能知昊天不已之真命。而生物生人。生知生能。唯人有知有能。唯知知知知能。知知則知人。知能則知物。知物則知人。知人則知知。知知則立人。知知則知生。知生即生生。唯知生能。唯能生知。唯知能生物。唯能知物生。能知知物。知能能物。知物物則物無不知。能物則物無不能。不能則地。不知則天。知本自天。能本自地。地能順天。則天知在地。天知統地。則地能在天。天地地天。地天天地。人知生矣。人能成矣。唯人立天地之中。唯立中乃正。唯正中乃大。唯中兼邊。唯偏歸正。唯大統小。唯邪從直。唯大唯中唯正唯直。而天地不能自立。萬物不能相參。而中而正而大而直。而天地賴以位。萬物賴以育。天地非人立無位。萬物非立人不育。天地失位。生生道息而萬物毀矣。唯人知能成天地之能。唯人能知明天地之物。唯人心統天地之始。唯人身萬物之終。唯人知人能統天地萬物而有常。貫上下古今而無息。此為易道之生生。唯人本易道之生生。而萬物之聲色分合。臭味往來。形質遷變。先兼次品。呈象流形。有倫有要。辨實正名。以成以明。是為仁之至義之盡。而易道之生生。一本人之知能。故夫婦之愚可以與知與能。唯聖人為能盡知盡能爾。聖人者學而知生者也。夫婦者生知而不學者也。聖與愚一人也。人能學天則知天焉。學地則知地焉。學人則兼天地而知焉矣。知天知地知人。則立天立地立人矣。一立人則知能與天地相通。與天地相通則與天地同其廣大悠久。生為大人。没為明神矣。學也者。由知以學所不知。由能以學所不能也。知本乎天。故知自知學天。能本乎地。故能自能學地。唯知能本天地。故能知兼學天地。兼學天地斯立人以統天地。出庶物以盡知能。而天地之變化極。人道之經綸備。學者之能事畢矣。故易學宗旨。知知為究。立人為大。

附録

極數定序

序分三門

辨物門

辨色門

辨塵門

辨物門

天地之中　名象　真象

地能　天知　人能　人知

能至知　知至能　能　能中知　知中能

右一章

真我　我物　物我　真物

物指　我主　真偶　真奇

地兩　天參　地參　天兩

右二章

物參　我兩　指參　開兩

合參　變兩　極參　員兩

當務　成務　知幾　唯幾

右三章

參兩至知　參兩成朕　參兩成物　參兩立我

參兩變倚　參兩成立

參兩變落　參兩變起　參兩翻飛　參兩根柢

右四章

參兩變開　參兩變結　參兩絕根　參兩敷葉

參兩四闢　參兩四闔　參兩戰偶　參兩歸奇

步兩入參　身參馭兩

右五章

參兩立本　參兩變通　參兩唯時　參兩生生

右六章

參兩串極　參兩正矩　極參介兩　位參方兩

參兩大開闔　參兩成列

參九地六　天七地八

用九　用六

反兩　反參

右七章

物兩內參　凝兩息參

審雨見參　我雨正參

直參類雨　旋參方雨

密參倚雨　周參馳雨

右八章

會雨謹參

含雨合參

止參品雨　疾參光雨

右九章

貞雨安參　文雨宜參

單雨窮參

黄函玄參

右十章

知真陰　知真陽　知真柔　知真剛　知天地之變化

知萬物之流形　知生生之説　知幽明之故

知鬼神之情狀

知雷風日月山澤之形見　知草木鳥獸男女之生成

知金木水火之生克　知歸藏之動止連山之運行

知耳目口鼻身心之性　知昊天不已之命

右十一章

知真能　知真知　知真簡　知真易　知真易

知真智　知真仁　知真義　知真禮　知真樂

知卦　知爻　知物　知事　知本末　知終始

知中正旁邪　知原始要終　知天下之真是非

右十二章

辨塵門

真塵　真空　真方　真圓

地四　天一　地一　天四

四之一　地數五　四中一

一之四　天數五　一中四

右一章

地五用五　開五　合十　用十
天五用五　開五　合十　用十
五中四　五中一　用五　五中五　合十　開十
四五合十　五五合十　十十合十　萬萬合十
用十　反四　反一
居奇收偶　舉奇截偶
玄偶要奇　照偶用奇
右二章
知真地　知真天　知天地之元　知萬物之始先
知元生之説　生象形質之生成

知真天真地之性　知天之始命

知句　知意　知禪

右三章

辨色門

真白　真虚　真外　真内

地二　天三　地三　天二

二之三　合二　二中三

三之二　合三　三中二

右一章

正二用五　開五　合十　開十　二二合十　三二合十

三三合十　用十

兼二用五　開五　合十　開十　四四合十　五四合十

八八合十　九九合十　用十　反二　反三

并偶揣奇　介偶困奇

織偶玄奇　危偶環奇

右二章

知真神　知真精　知天地之絪緼　知萬物之化醇

知長生之説　知聲色臭味之生成

知金木水火土氣之性　知天之申命

知竅　知眇　知玄

右三章

羊山磐莊先生語錄卷之二

從者鄭　景錄

學人陳維垓校

順治癸巳冬十二月八日師至霍山主天行汪子寓居越旬日天行率其子弟無懷夢旦及霍邑諸生尹任思鍼與昭徽州友人趙連城何大千等設位燔香請師就座求示三教宗旨

師乃言曰教本於道天下只有一道何有三教三教之稱起於北魏前此未有也乃一時權判名目非學者有見之通言也教裂則道分分則偏而小落偏小則道非大道矣道也者人人共

由之路也教也者率人上路之事也人道本於孝弟堯舜之道孝弟而已矣教字之文孝旁从攴攴即扑字有不孝則扑之以至於孝斯謂教也中庸曰修道之謂教修道即修身修身以道之謂修道即非禮勿視非禮勿聽非禮勿言非禮勿動也人能以此修之於身人自敬服而感化之斯為不失其身之孝子此君子之教也君子之教所以自教也而人自化之即所以教人也未有身不修而能教人者故教本於道不先知道何以能教不先學道何以知道是教也可有家數之分耶可有種類之別耶知此則知三教名目之有害於人道也故曰非有見者之通言也儒者之學本天立人為萬世不變之常道非與老釋鼎足

而稱教者因二氏立而三之者也凡名之起皆因於有二以別之天下一道并無道之名豈有儒之名儒之名實起於孔孟以孔孟之時禮廢樂崩先王之教壞而孔孟獨修之故以儒歸孔孟耳何謂儒儒字之文人旁從需學通大學為天下之所需曰儒大學之道本之修身由身而內有知有意有心由身而外有家有國有天下以知為門以物為門上之鎖以格為鑰以明德為堂上之位以意為主以至善為歸宿之地物格而知開意誠而德明門開得主即坐於堂上經營家業謀慮世事前後左右無少偏頗由親親以仁民愛物等級隆殺無不允當天則更不消我起心動念夫是之謂止至善乃為之定宗法與井田立學

校尊賢重士以教之保之為斯民之常道垂之萬世而無變夫是之謂儒者之教儒者之教一本宗法宗法者人道之實井田學校由之以起者也宗法立於一家則子姓聚而家道成一家成則百姓由之成矣合九族之謂家有本宗有支庶宗子收而聚之則支庶無逃亡離散不得其所之患矣有井以養之有禮以教之則無犯上作亂之禍矣一家如此遠邇之見聞者自效之矣先王知宗法不立斯民必至於逃亡作亂生陷塗炭死轉溝壑也乃大發不忍遏盡心思窮天極地以求救之之道乃得其所以為生民立命之故乃有宗法之立宗法立而不忍人之政成不忍人之政惟制恒產設庠序二者而已恒產制庠序設

則百姓成而有國矣一國成則四國由之以成而天下平斯有天下矣此堯舜本天立人之道傳之孔孟者也斯道也直至於平天下不過從我這一點不忍人之心推之以極誠意之量明德之欲者也推不忍之心不至平天下不止天下既平禮樂修明統天下為一儒則道行於上異端邪說何從而起政教漸衰位不以德獨以儒歸孔孟則道隱於下異端邪說皆得以近似者亂之亂之者多儒之實學乃亡而老釋乘之以興矣老釋既興異端邪說不能窺老釋之韞其術乃窮乃盡歸老釋斯老釋之所以獨行於晉唐以來也但老釋只成老釋各自有登峰造極一着絕無與於大學而大學之道嶄然七條目亦斷不容有

異說竄入葢異端邪說之所以能眩惑人者必假托於天地之先天地之外曰先曰外即天之所以為天地之所以為地也惟大學為人道立言不雜天地故諸邪莫能假托非古聖人神明天道不知歸重於此故後之儒者止須學此以修明人道使天地之道不信斯民之事可成即至善矣更不必追求天道此孔門立言之旨也猶之瞿曇氏最後說法遺教只以戒律囑付弟子傳持而並不及餘事何也以宗旨玄微非天縱豪傑加以窮參力究莫能透脫非透脫盡情則於開口為人立言垂世不能無敝於中毫釐有差便有千里萬里之謬害心害世為禍無窮不是戲事天縱之豪傑不世出此道究將何賴乃立為成法使

尋常人能篤守之以現於世待豪傑復生自能通古人之意而斯道有賴以不墜故古今至人止在躬行實踐上指示人若出一轍也極釋氏之堂奧盡微細生死差別不過做個好人為末世津梁為釋氏弟子者能嚴精戒行無纖塵過犯即瞿曇在世矣孟子一生開口止有仁義二字追仁義之本於性善而止此正孟子能得孔門立言之旨絕不言及天道一路後人遂有疑其學有未至者觀其提出仁義二字非神明天道不能也蓋仁義二字本易大傳立人之道曰仁與義一句此一句是易學結精處此非身入寶藏識盡衆寶又能于中檢出至寶又得至寶之神以利用安身者不能提出以教人也自孔子沒而微言絕

尚賴易傳之存而後之豪傑有所證據孟子生於戰國私淑孔子之道欲以性善之旨挽回邪說暴行以一口折天下游說之舌一生只對齊梁之君反復辯論冀格其心之不暇何暇從事闡微顯幽且學問中須有真學者窮年力究庶於問答有發明當時孔門弟子如子貢之賢尚曰夫子之言性與天道不可得其聞況其下者乎若以孟子之徒望子貢益又遠矣即人道之委曲未見有能討論及者況天道之幽微乎故孟子終身未嘗有一語及易學且以為既有孔子著為之傳亦竟不必言矣即於人道亦止欲見之行事急急皇皇極言井田學校救民倒懸并不暇與門弟子相聚一堂優游裁成以為傳後計也故孟子

没而孔子之道熄孟子道不行而富國强兵之毒至蠶食并吞天下盡為嬴秦之火坑矣世到火坑儒者之跡灰滅無影乃有昔日工揣摹之流變為方士羣起而言神仙宗老氏以長生不死之說詭遇祖龍雖無徵屢敗而天下却有此事可假托於真僞有無之間眩惑於世以行其私矣其支流影響遂相沿不斷至漢之盛時復有釋氏無生之說相傳來自西域習聞至久未嘗有庵宇之跡削髮之民也至孫吳赤烏年間有異人言來自外國曰康僧者始至建業乃以苦行動人創立庵宇度人削髮至晉人以清談相尚而機鋒問答之閒實始於支遁竺法深之輩至五代而其法大備盛行至今何以能盛行至今也蓋其人

皆從大鑪鞴中煅煉過來能因大勢所至而權設為大乘妙法以誘赤子脱離火宅之苦難而赤子乃歸之也天下赤子俱失父母依歸無教無養啼號道途陷溺水火而莫之救惟釋氏乘其苦難以身示現為法王慈父以救度之斯所以盛行於火坑之世也火坑之世不變其法亦不變火坑滅而慈氏生慈氏生而火坑滅也老與釋雖分二氏實相資相助為出火坑之權術者也神仙之説雖倡於方士而老莊之學實為釋氏建立之前矛釋氏之門庭堂奥權實照用實收老莊之殿後而方士一流但假托之以衣食其間并未能窺測其中毫末而適足以壞亂其教者也其原委深長非言語可盡縱言之亦非世人之心耳

可通釋氏主無生。老氏主長生。皆有見於天地之始二元分交之際者也。天地之道。始於二元。分為塵空。交成色虛。立我別物。乃生知能。此天道地道人道之大旨。而統之於生生之大易六爻之彖象者也。六爻之象本於三極之道。三極曰太極。易傳曰。易有太極是生兩儀。兩儀乃儒者安身立命之第一步。二氏所不能知不能到者也。老莊之見在色虛之交。而得虛之用以應帝王。釋氏之見在塵空之分。而得空之用以禦世俗。故世俗帝王由之而承奉尊信以邀福利於迷途昏衢也若有宋諸儒止由人道而學焉無入路止就目前形跡上作雲霧見解書本上尋訓詁道理曰吾道止在尋常日用更無餘事凡屬尋常耳目所不能見聞者皆斥爲異端掉頭不顧不知古今大變不知天地精義不知格物不知性善粗疎相襲鹵莽承當以守大學之空殼子使高才曠覯之士無不厭棄而去之甘心老釋一往不返嗚呼孔孟之道果如是乎學孔孟者之誤而誤之者也至前乎宋後乎宋弁同時共學者又自相矛盾自相爭執不化其同異俱不足論究無甚高下俱在此空殼子上動他一點不得老釋二氏宗旨雖不同，其專在略去世俗形跡。以究其本始。則同。斯乃與專守形跡絶不知究竟者鼎足而稱三教可也各見一邊而不能會通則各立名目以自標異路岐之外更有路岐豈獨止有三教若有真學者能從目前一物上原始要終以盡研悅觀玩於畫前象數之易則分塵析色出知入能大明終始六位時乘由天達人由人達天無之不知無之不能天下之理得而成位乎其中為統天地人之真儒矣亦何有三教之紛紛也哉故曰天下只有一道而無三教。

羊山磐莊先生語錄卷之三

學人丁善禕錄

門人汪元復校

順治十六年春二月先生訪舊至繁昌主天一汪子家其宗人參府公萬甫延先生于敦詩說禮堂作竟日談先生爲舉敦詩說禮之義一時相接問道者爲心型郝孝廉奕人衛中翰李叔泰王先兩文學門人程周明丁天章僧繼宣見嗚

先生曰聖人之道有詩教有禮教詩禮之教所以教人爲君子也詩以言志禮用明行言爲心聲禮爲身律詩成而心文禮成而行立身心皆得謂之有德易曰君子以成德爲行禮曰行修

言道謂之君子易曰言行君子之樞機樞機之發榮辱之主也故聖人教子惟以學詩學禮為問而曰不學詩無以言不學禮無以立人之所以為人者有言有行也人而無以言無以行則無以自立為人矣由是觀之捨詩禮父師無以教子弟無以學捨詩禮而言教言學等之百工技藝而已縱有高深微妙或可成仙成佛用以補偏救弊於末世要非千古之常經人道之教學也非人道之教學教不足以言教學不足以言學天子頒詩禮于學宫使天下士子童而習之豈不尊奉聖人之道但下之所應僅習詩禮之虚文未有究其實義者所以世風日浮人心日偷莫有底止禍患相仍無可挽回也倘有一人能動心于此

為之怵惕不安略去虚文講求實義以求我聖人之意以明立人之道斯人也在家而家齊在國而國治在天下而天下平矣今也薄海茫茫救死不贍豈勝嘆息畸野人也自幼生于畎畆何足以知詩禮乃敢抗言激論于搢紳學士之前以取越俎之罪蓋嘗從學于先亟士之門亦嘗側聞同學諸先生之緒論矣每退自追求頗有會心蓄之已久未敢輕自開口欲求友於門外互相發明以成德業而匍匐有年絶無有以學問相通者安求其有問及此者乎蓋有問則有答無問而答佛者謂之魔然則畸人不遇于世終無開口之日矣今者適承衆府汪公延畸人于此堂仰視堂額曰敦詩説禮不覺為之動心即主人不問

而此堂已先問矣況凡與斯席者皆好修志學之士因請略舉詩禮之義非曰知之實欲請正于高明或可興起來學共游聖人之門共造德業之途以傳續斯文于山林之下信友獲上冀挽薄俗頹風補王化于萬一以盡草野微忱仰荅覆載生成之恩庶不負生此身于此世得與于斯文耳此畸人之意也即敢詩說禮之意即主人額此堂之意也請即以詩禮之文證之禮曰人生而靜天之性也感物而動性之欲也物至知知而後好惡形焉詩曰天生蒸民有物有則民之秉彝好是懿德請問諸位如何是天生之性人好之德皆不能對師曰中庸曰喜怒哀樂之未發末又引詩曰上天之載無聲無臭于此知之可以觀

性觀德而知靜之所以為靜矣德是明的。要從明處見靜。明是人所共見的。這靜不是黒暗之所。恍惚杳冥之處。合眼閉口之謂。此處關係匪細。不得草草。從來道學家錯認定盤星。把个喜怒哀樂之未發送在黒暗洞中。不見天日。佛者即以父母未生前及不思善不思惡時節去看他。老莊之徒即以七竅未鑿嬰兒未孩時節去看他。混言三教一家。顢頇亂統。盡成惡道。不可置詰。而詩禮之根斷矣。此是聖學原頭孔孟以後竟未有知之者知此則知止。惟止乃靜。今欲親見此靜。且道在何處看乃見。要在黃帝堯舜垂衣拱手時節看。要在擊壤老人不知帝力時節看。要在禹平水土萬邦作乂時節看。在曾晳童冠相隨春風沂水時節看。在我人閑門却掃熟睡一覺纔撑開眼時節看。在即今大家相聚一堂之上論道講學時節看。看得清楚。再向詩禮之文上討證據。方信畸人是略知詩禮之意的庶可贖在今日抗言激論之罪而搢紳學士亦可釋然無疑以自信自得矣德者得也。得諸心則達之言行。有德者必有言。有言者必有行。詩者德言也。禮者德行也。欲知德先知意請問如何是意大家在此思一思看皆默然不對先生曰今日一堂之上朋友相聚從容講論渴來有茶饑來有飯一應有主人管待更不消起心動念諸位心中作何意思皆不能對先生復問曰大家在此竟眼眼相覷没點意思耶人有意則生無意則死豈有無意者但自己不知耳。即此不自知之謂微。微之所在。靜之所在也。靜之所在。即仁之所安也。語曰仁者靜仁者安仁此之謂也。于此不知。是謂不知知本天下之大本在喜怒哀樂未發時見的請看即今是已發未發皆莫能對有問師以茶甌側置几角邊問曰大家視此心中動否學者曰欲取放好他師曰有不動此意者否曰無之師曰人性之善于此可徵矣。堯舜與人同的所在在而已。即在桀紂乍見之初未有不動者。此非感物而動者乎。未有物感以前非靜乎。靜則心意不起。惟心意不起之謂靜此處不獨人不知。己亦不自知也。此處如火之隱于石。氷冷雪淡。所謂獨也微也。曾何聲色之有哉。着个我見在內便成兩个了見此茶甌不得其所。動欲取放好之意。此天命人心之真意也。在天曰幾。幾者動之微吉之先見者也。既動此意。而不出手取他放好。是不誠也。如何是誠意學者取茶甌放好几上師曰此謂誠意此謂自慊不誠即自欺所謂誠其意者毋自欺也既取放好人人見我愛惜此甌之意是謂明德誠則明矣明則誠矣誠與明無異德與意微別一物之微有不得其所意即為之動。必欲使之得其所而後已。何況物之大于此者乎。何況于同類之人乎。何況同姓同室同父之人乎。此一動之中。自有等級隆殺之天則。一定不易之常道。而為民之懿德者也。見一甌不得其所而即欲救之移之一草一木蟲魚鳥獸無不皆然至于同類一有患難匍匐救之矣然而救國人自不如救同姓為急救同姓又不如救同室同父為更急是豈學而知慮而能者乎天命于人曰性。人秉于天曰德。人秉天德以生。故民生好德。如子生于父母子必好父母好父母斯愛兄弟愛妻子欲保父母兄弟妻子必有賴于朋友之交由是而有君臣之位君臣之位本于朋友之德位不以德則亂德有仁義禮樂之目本天之道者然也落到人道即是孝弟信忠不落到人道不謂之德民有不若德斯惡之矣。惟惡不德。乃成好德。德者性之德。性者德之性。君統德以位于上民順德以化于下而天下安矣天下安而人心止此蓋至德之成至善之道也天下安于止。人心止于安。統于上者仁也順于下者義也由仁義行禮。順于禮則有樂。反于禮則有刑。樂賞有德。刑罰有罪。此先王之政也。語曰誦詩三百授之以政不達使于四方不能專對雖多亦奚以為詩三百一言以蔽之曰思無邪知思無邪之意。則知至德至善。何謂邪。落偏之謂邪。一落偏則知母而不知父者有之。知妻子不知弟兄者有之。知弟兄而不知朋友者有之。知君臣而不知父母妻子者有之。或知身而不知家或知家而不知國天下或知國天下而不知身家。是為知不至。知不至由于不知致知。知此則偏此而忘彼。知彼即偏彼而忘此。有所偏即有所忘偏于妻子即忘父母偏于朋友即忘弟兄偏外即忘内。偏内即忘外。偏處綢繆。忘處敗壞。此之謂邪。邪則敗壞處不可救。而綢繆處亦敗壞。不獨偏妻子忘父母之為邪即偏父母忘妻子亦謂之邪人之本心莫不欲成孝成忠成五倫全備之人也不知致知斷無有不偏者。其所以不知致者。由于不思耳。一思即致。致即無邪矣。無邪即至善。知至善即知德矣。夫子呼子路曰由知德者鮮矣中庸曰知風之自知微之顯可以入德矣風即君子之德披感于人者人共見而明明之至而顯矣自即意之未動微之謂也入則知知則又入有入則未至至則無入無入不自得小德川流大德敦化斯君子之德也德無大小見于日用流行曰小見于建常立本曰大夫子終身未許人以仁歎知德者鮮欲見君子不可得此聖人之深悲極感無可如何之心也聖人千言萬語只要人成个君子不成君子即鄉人細民矣鄉人細民處處落偏處處敗壞其患難有不可勝言者人肯甘于自賤甘受患難不思自奮以立德行乎聖人豈忍斯民之不得其所而不救之以仁政乎詩可以興興此志也可以觀觀其風也風能鼓萬物而萬物自化之詩能感人以興志鼓舞以及化則無偏執之爭而有同志之樂相成之善矣故可以羣偏執而爭爭而不可解則怨此細人之怨也君子亦何有怨哉可以怨其小弁之怨大舜怨慕之怨乎蓋人事既窮至無可如何則天實為之矣至此而怨怨何如也此詩人之怨也君子之德也無此怨即為自恕即無

此德矣詩有六義風其始也達于政事之謂雅此由仁以達義也雅即鴉字鴉之為物羣飛羣息羣鳴羣食而無或參差失散之時民生好德樂善之性億兆之衆羣生類息罔有不同聖人乃因之以為禮而施之于國于天下以為政之本也興則動動必落偏學詩則知致而不偏。乃可齊之以禮而協于克一。通天下為一仁矣。易曰惟君子為能通天下之志。葢惟君子能先得人心所同然耳。政有小大有一國之政有四方之政而雅乃有小大德洽于民心頌作于宗廟而君子之德業成矣成者誠也誠字言旁从成成言之謂誠。誠意之謂成也。意動于心。人未知也。出口成言。人皆知之。故成言之謂誠意。誠意之謂成詩也。闢關雎鳩在河之洲此謂成言此謂誠意吾人未見雎之時舉目蒼茫竟不知己意之所在一間關關而見水上有洲洲上有鳥其聲關關而知為雎鳩遂好之而言之言之而我好雎鳩之意誠矣好之者既好雎鳩之得其情復好我之能得雎鳩之情也兩情相得不覺欣然為之動此之謂興興意興也人而無此興即死有此興乃生請看此興從何而來非本于父母乎既本于父母則人之意莫不欲先得于父母人之興莫不先從父母動起矣欲得于父母必欲得于兄弟妻子一門之内兄弟有參差夫婦有乖戾父母之意必不得父母之意不得我之意何能自安必能得父母之意我意乃得得于父母乃能信友得友以至

獲上得君使君能得我以及父母而我得父母之意才滿足至宗廟享之子孫保之告終于天地而後無憾天地相好而生萬物天地之與也男女相好而生子男女之與也人與萬物本同在此與之中而成生生之性唯君子知德以統之乃能保合太和以成生生之道而生生之道則造端乎夫婦矣故托始于關雎也夫人之一身至薄也至輕也由夫婦以有父子由父子以有兄弟由兄弟以通朋友達乎君臣以漸而加厚焉由一身以成一家由一家以化邦國由邦國以安天下以漸而加重焉故德顯而禮崇矣中庸曰敦厚以崇禮猶曰優優大哉非遠大也蓋優優以大者矣禮本于誠。本于情也。情止乎義。止于至善。止乎禮也。禮曰敦善行而不殆謂之君子君子哉非詩禮之教其惡能成之喜說之說即言說之說字蓋意必見于言乃悅詩者意之見于言者也是詩宜言說敦厚以崇禮則禮宜曰敦今曰敦詩說禮蓋詩之敦處即禮而所以說禮者即詩之意也說禮樂而敦詩書此語出左傳趙衰之語當時列國大夫雖未必深通聖賢之學而先王詩禮之教亦概乎有聞者也先生飲茶一杯默然良久曰即今諸位作何意學者曰請先生回寓罷先生曰我意尚欲坐坐你們却要去了乃起身別

羊山磐莊先生語錄卷之四

從者金　仁錄

學人方　琪校

順治十六年春三月師訪舊過燕陰寓十椰園秋九月張兵憲譙明就見問道兵憲出入舁黃靈官像為前導是日獨否止儀仗于一箭外步入園亭相揖坐定

師曰草茅孤陋之人流寓貴治何敢當騶從之辱兵憲曰適聞高隱羊山證道淵深無所不徹為當今博大真人請問死來一究以何法為真師曰曾問幾人過來兵憲曰每遇雲水高流必與盤桓朝夕未嘗放過究無實得師曰來是天地之為物如何

要死他曰汞不死則丹頭不成師曰左右之丹頭已成久矣更欲何求曰求了性命丹頭捨死汞斷無別法師曰果為性命求丹頭要死汞也不難曰如何即得師曰但能得鉛氣汞即死矣曰鉛氣如何能得師曰識得真鉛即是先天真氣却要藉後天採取採得真氣真汞自死曰都已試過並未有驗師曰試過無驗者鉛非真鉛汞非真汞也曰鉛用出山鉛汞用硃裏汞有何不真師曰鉛汞且置請說出鉛之山在何處曰近則衡州亳州諸山遠則有日本來者師曰假矣凡用藥材要道地藥材不道地所治自不驗若以衡亳日本之鉛為真誤甚矣何怪久煉無成曰天下之鉛盡此幾處今皆以為不道地究以何處所產為

道地師曰有處即不道地無處亦不道地兵憲無語有間師曰不聞海外有三神山乎此山無草木土石而有竅穴聲光與波上下隨風往來此則真鉛所産之山也鉛一真汞真不必言矣此山要非世俗人所能見若以面門兩目尋之愈尋愈遠惟有天生豪傑不受人瞞加之以真參實證心上開出隻眼不須出户訪求當下即到曰既云海外神山何又云不須出户即到師曰正要如此問未識路頭山在海外識得路頭即在當下欲得真鉛汞但從此究去即得更無他岐可惑若不信誠言仍去燒茆煉狗贏得貲財蕩盡難踰弱水三千性命在他人手裏有何了曰兵憲注目若有思師曰丹家有言曰鍊丹不得神火不成

左右曾聞否此爲至要之言不可放過不一究心也兵憲躍然曰是也亦曾鍊過鍊到纔見日光即煙起飛去可謂神矣究亦無用師哂之取起硯頭水注云這個是鉛是汞兵憲罔措師曰不惜點出祇是無人證明放下水注云此是磁水注二元四象八卦四營萬有一千五百二十變化成這東西還見他放光萬萬道被四表而建中用極耶此是三神山之結頂開陽處歷代神仙梵帝騰空御氣皆莫能到蓬萊方丈蓮邦樂國都在其下古之神人方能在此安身立命伏羲在此下畫文王在此繫象周公在此繫爻孔子在此著十翼公孫龍子在此辨物應上公在此見帝秦漢而下並無一人到此不是到不得只爲不識路

頭茫然亂走竟成絶境二千年不通往來惟有唱導高人從旁窺覷略逗一隙無可名狀目為靈燄請看靈燄神火是一是二復舉苹笏曰是什麽靈燄耶神火耶向這裏點得出千變萬化秖在目前不離當下真丹點化到手矣這裏不會畢世在睡夢中尋鉛覓汞訪求方士路頭不清動足茫然汎溺欲海風波中雖遇真人覿面千山救度無由出頭不得也兵憲益罔措居頃之信手檢案上書帙見師近稿歎為有道之言非尋常可及且曰烏龍潭有一劍門禪者亦能詩作詩貴整而亂整則老到亂則宏肆師曰幼志求道不聞蓺苑緒論信口隨筆徒見笑于大方耳適茶至飲畢兵憲起身曰 某官此五日京兆矣石城有別

業解任還當埽㮚來迎商確箇事一期了手羊山有未了事并可了却也遂別去越三日新安門人程蒼玉邀其鄉之先輩汪惕若及信學諸友汪臣則程榦臣吳寓庸等造師入室爇香請問曰前日有記錄兵憲訪道問荅語傳出某等愚昧不解其故敢求講說師曰前者兵憲突如其來一時隨機應去畸已忘之矣不知有記錄之者此必金幼安私錄以示其所知者耳無用講也惕若曰諸友見前錄中有大義未明特因蒼玉來求示敢固以請師固辭不獲乃曰

道有天人之別學者有問答講說之分天道不落語言以問荅入手人道須資講說以問荅發端有問答中講說有講說中問

答問荅中講説在禪宗謂之落草室中骨髓也講説中問荅即畸人語兵憲等類猶佛氏教乘中事門外應機也畸人這裏應機或用講説却與理學家講説不同皆據事徵實非離經掠虛不可不辨畸人閒惕若先生出無錫高忠憲之門爲理學名家乃枉駕荒僻下問草野正畸人所當急于就正者也至于固辭者恐聽去不入反生異同是非不化彼此無益也今既不獲辭敢謅鄙誠不妨姑聽之即不入耳而有異同即從異同處追到徹底則彼此通而于道有益救得張兵憲性命不是小事兵憲素有好道之名却墮煉丹圈繢無可柰何果能籍其身家一火成灰赤體無依更入作家大爐鞴中煅煉三回九轉一朝

光透露翻身吐氣溫養成熟應變無窮方信真丹到手大事了畢今也坐擁勢位僅割其羨餘試方術即欲望此中了性命徒為黠者飲食玩侮之居停而已孟夫子曰不直則道不見吾且直之要知今世所謂道者非禪即玄除却兩家皆為世俗人以世俗人好道必落兩家權術中不知有出身之路非兩家設迷以陷世俗正欲度世俗出陷阱也中庸曰人皆曰予知驅而納之罟獲陷阱之中而莫之知辟也豈特不知辟直以為樂境而安息其中在其中而肯隨兩家權術尚有一點可動轉移化導從此可施若漠然不動仙佛亦無可施其權術矣老氏之玄實為釋氏前矛後來羽士之科儀復因緇流之應赴而作仙佛之

大行于今之世者惟此而已至其法中向上要旨綿密深遠非他家入室真子莫能辨若對世俗直無處説起道與俗既遠不相接。不得不用權以度之。用權者反經。反非畔也。正欲委曲通經。有若背畔者然。孟子曰反經而已矣。公羊子曰權者反于經然後有善者也。同一反經也。公羊則如龍門别峰。不循正脈。孟子則截盡傍岐。直出康莊。自仙佛行于申韓之世千有餘歳天下之人習聞習見漸漬耳目淪入心肺以為固然不知其為權設矣畸人在今日亦當反經之時矣孟子反三代之經于從横術數熾盛之世直犯其所忌而不顧畸人反人道之經于仙佛權教主世之時非破壞其向上有妨于禪玄也正所以明仙佛救世苦心使智者知之深信設權之不得已挈之以同歸天地之中使知天地之變化以一道德正人心也道德一則人趨向正達之君相可本之以移風易俗而大道顯著有日也蓋徒事仙佛則無與于大道以大道統之亦可以傍補王化此則今日志道之士所當急務畸人受之于先知而守之而人所不能知者也有一時之名者無千古之譽志千古之業者違一時之尚當孟子之時儀秦之徒遊説列國玩弄時君于掌握之中豈不烜赫當時震驚一世而孟子獨守先王之道極言仁義以折富强孤掌欲鳴無翼思奮曾無一人聽而行之咸以為迂濶而不切事情不知百世之後獨有孟子之言直接洙泗俎豆千秋如

日月之麗天彼儀秦者直為學者所不屑道則知彼一時之烜赫震驚猶爝火之宵行世人眼孔未開不能外此有見遂為之眩惑耳由從横之術行遂成兼并之勢至火坑禍作乃有倡為仙佛者出設為權術以救度衆生使之越苦海而登覺路踰弱水而躋蓬萊無可奈何之法也然非仙佛憑空創立實本天地固有之道若仙佛無本可據。即成惑世誣民。亦何能久延世外。為世所崇信不替。蓋皆有見于萬物之終始者也。萬物之終。終于塵空。塵空為未交之天地。萬物之始。始于渾沌。渾沌為未分之一氣。天地以生人物成變化為大。以未交未分為小。一氣分而流形有品人物斯别人物别而貴賤有等惟能立人辨物而天地之變化盡天下之理得而人事之是非始定則又以立人之道為至大矣惟立人乃能統天地天地萬物皆成于人人而不知立人之道形雖有異于鳥獸而性無可別猶可謂人乎既無人矣空空天地又誰知得是天是地并無天地矣請看目前世界較伏羲以前為何如伏羲以前正不知經歷幾多朝代由文明不開記載不及遂成渾沌自火坑之變以迄于今人道不明邪說暴行相仍是非乖謬無可詰辨復一渾沌矣試執今之以學術自居者問之能知天之所以為天地之所以為地否吾知其斷無有知之者天地二物尚自不知何有于其中之千變萬化是則天道不明人道無徵非渾沌而何同生此大渾沌之

中苟非豪傑之士未有不隨風披靡逐境沉淪同歸于渾沌而莫以底止此仙佛之權所以設也仙佛之權實本其所見之道。佛氏見道于二元之分。老氏見道于二元之交。見交者于分處徵其交。見分者于交處徵其分。徵見于交雖千分千交而旨在于交徵見于分雖千交千分而旨在于分各以為至道在是。不復起疑更進。彼亦實見無路可進。以其俱有見于二元也。故見分者自是其分則主天以破地見交者自是其交則主地以順天是二者之見皆由于世道反覆是非莫辨真心不安而起。一則追終于塵空。清清見得塵是塵空是空。不可混亂。事物皆塵。是非由起。起即一刀斬斷。盡其智力驅蓋將去。出苦海而生淨土。一則究始于渾沌之一氣。見得寔然色虛。是非無自而起。開眼對物。一色不分。是非之來。因是因非以應之。得逍遥遊。此人間世回視世俗是非不屑一理。實見其理不得也。二者之根器皆從宿習中來出于世者也若夫豪傑之士獨出于天不特宿習一毫沾染他不上即從上來事有世内外具大知識所斷不能理會者心思一到即透過不留不能沾染之此其為學不從畫前下手不信何也其于目前事物觸處皆疑必欲一一追窮其根枝原委至真知灼見而後止苟無自得則凡書策所載皆不足徵從書策究其原本本于伏羲之一畫即求之一畫斷無由知其故自必仰觀俯察以求入路此伏羲未畫以前學易之事也由此下手是與伏羲同學非學于伏羲也學于伏羲即出于其下為其所蓋覆斷不足以徵其所畫之故觀察之久乃知觀察于大天廣地衆物之不足以究入乃即一物以究之而後知天下之物一本于二元。知二元則知天地並立。本天地並立以知天地之中。本天地中以立人辨物。乃能盡天地之變化。以證羲皇之畫而後易書之卦爻可徵大道可明大疑乃釋而後知易之能冒天下之道也若非豪傑之士必以為天下之道冒于易易始于羲皇之一畫欲知天下之道當即一畫求之此為至當不移無可議之事豈知竟有大謬不然者即求之一畫不但不能知畫之故且必墮後世理數雲霧中誤盡平生不可救藥何也猶人首蒙被中不見被上文繡目在面門不知兩頰紅黃必出頭見日把鏡拂塵而後知也欲煉鉛成丹者可即求之于鉛而止耶可即依據參同契諸書彷佛擬之以望其成為了性命之大事耶嗚呼豪傑之士不與世俗之渾沌不開火坑之禍曷以底止出于世者沾染宿習奮發求道無路可入非強生節目妄立異同即支離牽配混言三教一家最為可厭可鄙言一家者依傍玄門糟粕居多。立異同者窠臼理學雲霧為多。皆不足與辯。殊不知所謂三教者世俗之習見。非學而有真見之言也。教欲分三則以申韓之法律與伯陽之丹慧遠之淨土當之乃可不可以孔老釋鼎足稱也申韓為道德之賊老釋與孔孟特嫡庶之分耳當申韓之世不特大道無處説起即老釋之實義亦無處説起惟有用權術以對治之使大事得辦不為其所拂亂如斯而已老釋本無權術祇為對治世俗而設其喻世曰金丹到手點石成金服食飛身淨土往生金銀為地蓮花化生隨心所思無求不得使困厄昏迷之徒靡然聽之翕然歸之有能從此生疑從此叅問不到徹證不止則自知種種權説無不諂實也試看蓮生人人飛身石成金金成地與木人歌石女舞脱殻龜飛戴冠免立是同是别以此觀之老釋之權非權也實也老釋之實非實也權也非權非實即權即實畢究如何道道知此則知畸人今日在此説權説實判仙佛為對治世俗皆

成大安言矣雖然向上覷即得向下論之世俗之人皆申韓子孫也世外之士皆逊難之孫孽也今日以兵憲之地而思求性命之道于雲水從而應之者亦挾術以襲其虛至其出入昇靈官像適資挾術者之無忌憚耳乃突如問死求于畸人若能與之詭遇乃可得其背用仁者不為也告之以正言使掉頭不顧智者不為也安得起疑參究而與之言我之言哉孟夫子曰君子引而不發躍如也中道而立能者從之此千古接人之師法也畸人守此而未能乃喋喋至此其不當機宜也亦已甚矣一任明眼人訶斥道畸人亂說可也語畢蒼玉率其同輩拜起侍側惕若先生率其老友三揖而退

惕若先生出語人曰昔年子尚舍親講學吳門及門皆士林之傑當世先達聽講者常數百人可謂極一時之盛不才聞風向往遠訪至再相對默默終日無一語殊不見有長處適見十柳園中人目光炯炯口若懸河令人不測斯亦奇矣或者以告師曰先亟士豈人所易知哉一生見人有問乃答答止一句再進問則再荅不問則默然不多一言也至據皋比講學則吐辭成經頃刻千萬言意盡言止皆發前人所未達默然而已未嘗盤桓一與講席故未聞先師之緒論若不肖者猶泰華之一簣河海之一波動即傾出皆失于不當下者也及肩之墻豈可與數仞同論哉

羊山磐莊先生語錄卷之四五

從者倪　逵錄

門人胡廷鳳校

康熙十年初夏卜男胡進士迎師過寧波為其兄道南御史有意訪道且疾病不能出也師遂至寧波御史親掃西莊别業留師終夏臨别求師舉示玄門却病大旨

師乃言曰人人有個真性命相關切的所在不得這所在到處有病過不得日子人生世上俱要好過日子而富貴貧賤患難諸境轉徙于前一生所歷旦暮起蹶何常之有落一境則有一境之病受一病則成一病之害富貴有富貴之營謀貧賤有貧

賤之馳求貧賤則謀生無路救死不贍憂愁困苦難過日子富
貴則爭趨權勢互相傾奪患得失嬰利害魂夢不寧昧者溺焉
不覺自以為得計知者觀之較貧賤日子倍覺難過貧富貴賤
俱過不得日子之謂患難舉世在大患難中竟昏昏碌碌逐物
漂流宿習蔽痼深入膏肓而真性之存焉者鮮矣内受此病外
邪乃乘虛而入驅納于罟獲陷阱其災害有不可勝言縱有良
醫望見為之却走固非藥石所能療欲却此病不是細事直須
猛着精彩捹着磨折磨折不退憤悱不已必要尋我真性命所
在尋得這所在則真氣聚而真性復脚踏實地不為境風所揺
而過患自有出身之路乃能無病好過日子此所在至淡至簡

至易忽忘至難反復苟為物欲所牽真性不存即語之而有若不聞焉者韋詩云貴賤雖異等出門皆有營獨無外物牽遂此幽居情情本乎性性無他好情遂于此矣陶詩云少無適俗韻性本愛丘山蓋人能不為富貴貧賤所牽引脱然于營謀馳求之外以自適我意于幽閒清曠之地如陶如韋千載上下指不多屈淵明食貧思以彭澤代耕隨即弃去豈不以失身之病重于饑寒之病耶作詩曰望雲慚高鳥臨水愧遊魚又曰所懼非饑寒此慚此愧此懼人人所同人人昧昧不知若獨淵明知之者乃急賦歸來採菊撫松悠然獨往思桃源之避秦托飲酒以遺世而獨不入東林社應物為蘇州刺史嘗遊東禪寺與黄冠

緇侶往還方外訟庭如水衙齋閒寂終日掃地焚香吟咏見志迹雖或異其自適我意不為俗累則一也此乃真性情不泯滅之人也有此一點自不肯隨境逐物乃為近道之器先具此器然後可坐進此道惜乎彼其時相與往還者未有能過其才智不知引之以成就遠大故其所造亦止于自適其意而止然較于世之終身汩没罔覺者遠矣試觀此世之喪失昏亂漂流蔽痼者其能有一刻置身心于閒曠之地否其能有一念之動求置身于閒曠之地否今御史身處富貴能謝交遊遠俗務入山靜養留畸人倚杖度夏不可謂無淵明應物之心長夏既徂秋風薦爽畸人將曳杖西還御史求舉玄門大旨為別後鞭影之

助以却向來之病畸人用是不惜口吻一為舉出凡在此會者莫作等閑聽過則御史此舉為不虛而畸人亦可塞責于此來矣古人云百年之壽大劑得百年之壽者千無一焉縱得百年總計日子不過三萬六千自孩抱以至弱冠知識未開世事未接不知有生過日子之事又安知念及性命之所當究至五十六十血氣既衰之後飽歷變更厭于世故倦于酬應或能反顧自省而精耗神昏知省已遲一生去却兩頭中間血氣壯盛耳目精明不過二三十年終日為憂富憂貧患得患失牽纏消爍于二三十年間求一二日安閒放心竟不易得竟把自己真性命撇向大海波濤中竟未有个好日子過所以非常之士忿世

之人往往于此慨嘆盈懷不能自解至一切不顧高飛遠舉蕭然物表誠不肯以昊天不已之命埋没于利欲叢中與野草寒烟同歸澌滅耳每觀若此逃世若此決烈者極其所之至學仙學佛而止豈知盡佛氏之道得个轉身入廛垂手不敢留情中心真感直付之無可奈何而安之若命究不能到吾人真性命所安之地常人之情于貧苦煎熬之日雖有聲色在前若不聞見亦若有所不屑者不過逼于困苦心煩意亂無暇及也及其于富貴得意功名到手之日惟知縱恣于耳目口體之欲竟以一生有用精神輕輕喪失毫不覺知賦性高明者雖有時刺足熱閙場中而于酒闌歌罷寂然獨處之際凄凉泣下忽動身世

浮雲光陰過隙之感反顧身心茫然杳然無畔岸無着落一往情深大興悲愴覩春花而傷秋葉聞絃歌而思哭泣神魂恍惚坐卧不安此正天命之旋人心反本之機也此機一動自不可遏或求長生思學修煉或聞無生思皈釋氏此如烈火飛揚逢着便燒誠莫辨其所當適從也此皆不得个好過日子之所在不知所歸宿究竟耳這所在非人人真性命相關切的麽故畢竟要真到而後肯休也此固人人固有非有高遠難到人自捨之忘之而不求耳求則得之衹在目前聲色頭邊人人到得只是一種乖覺人到不得一　用乖覺即不肯受師友煅煉不走上線路只向斜徑揷去墮坑落塹永無好日豈但此等人到不得

即真仙真佛亦各到得一邊只可傍窺無由正視畢竟真到這所在乃能過得日子貧賤亦過得富貴亦過得患難亦過得所謂無入而不自得也到不得這所在富貴貧賤患難俱過不得其為病苦灾害亦何可勝道哉且道這所在畢竟如何得到既說到這裏不惜逗漏一二舉起茶碗徧問座下云這个是甚麽皆默然不對乃顧左右放下云茶碗也没个人識如何到得這所在過得好日子少間復左右顧云過不得日子是為大病以手指茶碗云適纔問這个是甚麽諸位如何不對即此不對心中便不好過已犯幾種心病若童子知識未開無先入之言為主便無此病第一種是曾聞禪宗舉過竹篦子話意中便有䯻

背不得之説乃不敢對其餘或看過佛氏教乘或閱過老莊關列之書宋明諸世儒之説便有多少委曲偏見駁雜道理韞于胷臆箇箇欲吐不吐自以為有得不肯直對先聖云人之生也直不直則不生更有一種間畸人如此講論即發怒生謗強作解事云此不過剽竊禪宗唾餘以自立異從來講學家那有此等話頭或掉頭不顧或拂袖而去此皆真性喪失不能直用其知之大病要却此大病並不消立一法不消費點力只須見茶碗説茶碗不許起道理見解不許作機鋒湊泊這裏是實學只在茶碗上清清看去置碗在前目視則白而圓手擊則鏗然而堅白者是色鏗然者是聲堅者是質圓者是形形質聲色四者

具在茶碗一句落在何處大家着意看去莫自使乖覺必要求个着實放心纔是箇要却病的纔是箇有好日子過的

大道既微仙佛各立佛指蓮土仙指蓬山一以長生設法一以無生立教皆為救病之藥世俗病止仙佛藥除今日相聚于此止求靜息今日亦止言靜息縱有東語西話亦止欲發明靜息一路耳

玄門以長生為宗統性命二學命學以靜息為入門性學以齊物為宗旨一以治氣息之浮一以治心識之偏治氣非坐忘不到治心非參究無得人生于天地萬物之中不知天地之始初作何情狀不知天地如何生人生物則目前觸處皆疑不從疑

處力參到有得于心則心病不却一生應事接物不能無喜怒哀樂風寒暑濕内外偏失之病非習靜聽息到有得于身則身病不除性命雖分為二若性學到手命自不必言矣夫道一而已矣豈有長生無生之分長生一門何又分性學命學又有性中之命命中之性于此不知學易以盡天地之變化則不足以冐天下之道不足以冐天下之道從何證據

仙佛各立由于井田既廢學校不興民不生生身心莫能兼養之故大勢至此不得不分仙本身之氣佛本心之空心得用而轉物物物皆我心而淫房酒肆掉臂往來任運逍遥化苦海為極樂國土矣氣成形而齊物物物皆我身而呼牛應牛呼馬應馬游

刃有餘而化人間世為逍遥遊之地矣

自古有道必有術術者引人入道之小路也術則用權權以應變若道則古今不變既古今不變矣何用術引而後達為流俗有氣習心識之病不能自化則天地不變之常道竟為流俗變亂茍無權術引之猶涉海無航治病無藥也渡生出苦海救人起死症非用舟用醫如何能濟于此可知仙佛立教説法之苦心矣用術以通道乃謂之權用術以欺人是賊而已此又不可不辨古人不輕用權恐流俗以之藉口躱根也所以舍命不渝捨生取義為守經之豪傑古人云權之所設舍死亡無所設能得真仙真佛之心却又不妨用權但仙佛之權出於方士離經

之後皆對治惡世無可奈何之法苟入其中斷不知有正經道路是又可懼耳

靜息一門以氣爲命以神爲性何以知氣爲命也今人所憑以生活者非鼻端出入之息乎息斷身死息在乃生而修短強弱則係于稟受之氣人生爲天地大氣中成形之物天地之精氣也身中呼吸之氣天地之大氣也精氣是天地之中氣大氣是天地之偏氣氣弱則形病氣盛則身強氣衰則老氣絶則死誠見我命只在一息之呼吸並無根蔕無把捉出息不保入息極爲可危可懼一舉一動無非耗損我精氣者欲保此氣不耗損必自專求靜息

靜息之旨要在致虛。何謂致虛。一念不起。鬼神莫測。此致虛之極功也。邵子一生得力在此。即本之以講儒者之道而不知止得玄門氣學之一着此一着乃大易中天地交而成形之一半固儒者所當致但易學冒天地之道豈只守此一着便可一切會通為儒者之學耶

氣學在七尺之軀百年之壽上動念起見若見得只此百年只此七尺有限有數眇小易盡而欲求至乎無窮無極以為道必非氣上可盡再進一層則見心思智慮之不由乎氣語言哀樂之不由乎氣縱觀天地間有形之物山澤草木虫魚鳥獸同此一氣並不能如人之知覺則惟此知覺為獨尊矣由是放過此

軀抹倒此氣看我能思慮語言之物何所自始何所歸着大起疑情畢要求个了徹得遇至人指之從目前事物名實上究入以盡齊物之宗旨一旦恍然不疑則漆園之大知大年在我實證長生不死之道以知天之申命道遥過日回視以氣為命者有不足言矣此為玄門性學

氣學祇見氣在能言氣絶無聲縱觀天地萬物生死成毀莫非一氣之變化欲求長生之道只在得此一氣故竟以性學劃開斷斷無疑從氣入手從氣結局所以有氣學一路而指現在起心動念者為性一得真氣凝然不動此起心動念之物遂沉入于氣冥然杳然便覺登峰造極一着在此並不知更有所謂性

學也

謂現在起心動念為性者命中之性也由叅究以盡玄門之堂奥而知天之申命者性中之命也

氣學不過採藥進火二者而已乘天地氣機動時挺身坐起謂之採藥專於致虛篤於守靜謂之進火火是鍊藥之物藥是救苦之物人生有疾病患難之苦非太乙到我身之中諸苦必不能救太乙是何物祖氣之別名氣之最尊貴者即太初太始之交而為元始者也

初有志于向道者切不可看書徒然惑亂眼光芒無入路反為清淨地上污穢謂之運糞入一有沾染最難洗滌果能苦學力

叅確有真得之後乃可尋古今至人之書以證我所見世說天地未判一氣混沌此混沌之氣道家謂之天一此氣積而成水謂天一生水此氣學一家之說也後人不知其所指取之以講論性學道理支離蕪漫真可噴飯

大川是水之道兩岸曰路小路曰術川有原委道有內外禮曰先王之祭川也先河而後海河為水之源海其委也此天地大氣之所積已成之形勢也氣有偏中惟中結精生人故人之呼吸與天氣通乃生氣學家以臍內為氣海謂人身之氣皆聚于此為一身之委也信其說以究之委則在是源在何處又云一氣透三關黄河水逆流此指人身中督脉之氣謂之曰河其以

是為源矣督脉起尾閭升泥丸降交任脉齊歸氣海而尾閭為泄漏之地畢竟源在何處知此源則知天地與人相接之道矣天地之氣猶大海之水也。人之一身。猶一溝一壑一波一勺也。大海不枯。溝壑易竭。使溝壑通乎大海。溝壑即大海矣。此氣學長生之說也。然而養氣者多不易到此何也。為有思慮營營為之間隔也。人身與天地本是一物。思慮未靜。則不能相通。猶大海與溝壑本是一水。有山陵丘阜隔礙不通。則汪洋不枯者自汪洋。易竭難復者自易竭。人與天地永分。天長地久而人命短促矣。故養氣貴于冥我之知。我知一冥。則思慮不起。思慮不起。則天地與我通為一。此靜息之所以為道也。身證至此乃為得手非有術使之然但人心之知如何得冥。眼見色為色引耳聞聲為聲引口鼻之于臭味亦然引之而去則心思日與聲色盤旋我財我產我名我譽我恩我仇處處生根處處糾纏將天地不涸之源甘心送斷于一丘一壑而絶不知反顧求復智者于此有所不屑不忍故思養氣以復我此身欲養氣以復我身則必反我耗氣傷身之習平日誘我之聲色屏而遠之擾我之世事棄而去之即死生禍福當前亦與之一刀斬斷入室靜息如對銀山鐵壁萬境俱絶一氣獨守忽然坐忘不覺知冥而氣得宿病可除精神可復若徒屏遠聲色。遺棄世事。外雖屏絶。內實未捨。所謂無風帀之波。逾于江湖洶湧。此之謂坐馳。故必以進求性學為究竟也性學不明縱能强制如前坐至澄潭月現一有外事感觸中心必動如火伏灰中一撥焰發舊習依然同于未得如何能復故性學為命學之原命學為性學之委或從委以得原或從原以見委但能尋着一路力追不已皆可登峰造極入處有大小徧滿到得真放心處則一也氣學下手專在得真口訣不得真口訣不可下手曰口訣非秘語也訣破其所以然之故也其所以然之故不能一下説破有如秘者然何也譬有人焉欲出門至帝京而不識路則必求過來人為之指引路途曲折山川險阻或有斷港絶崖猛獸虺蜮之害風波盜賊之虞種種不測自非前行者莫能熟知若預告其故則懼怯而不

前或退縮不行故不許説破止與一句使從此行去縱有險阻難行處既已在途計不反顧賈勇而前有導之者相左右雖有不測中有所恃不生畏怯餒縮忽然得个快樂輕安不覺一旦直到帝京此氣學得手之驗也若通性學猶身在帝京手執虎符車擁猛士頃刻千里自不受途中險阻而立在欲到之地受用非常通變無碍神化無方有非命學可能窺測而望見之者即執其手而告之亦不肯信反生誹謗謂必無此等事自以為乖覺不受人牢籠而不知身墮陷阱此輩昏妄比比皆然誤已誤人深可憐憫性學到手則命學在其中二者之難易小大不可同日而論也修真直指云煉精化氣養性為先性昏神亂氣

亦不全謂命中之性也知此則知性學為玄門之道養氣為入門之路玄門之大槩可知矣氣學一家專以精氣神並言三者雖並言要以精為主人之一身天地二元所結之精之氣不同于草木鳥獸故人獨靈於萬物人能食萬物之精以養天地生我之精精字之文米旁從青從青字入性學從米字通氣學養人惟穀穀雖有五惟晚稻之米為精衆穀之實皆粗而兩分米粒止一一則從二結緊至不可分者可分者其結不緊者也可分則粗不可分則精故米獨為五穀之精而其餘皆粗惟精養人粗可充腹而已草木所結之實草木之精也其皮根枝葉粗物也精則有香有色有味故亦可食雖可食祇為草木之精不

可與米並鳥獸魚鼈各有精魚結精于目于尾鷄鶩結精于皮亦祇為鳥獸之精不可與五穀之精並故人之養身必食五穀蔬果魚肉而以穀氣為主古人云上藥養性中藥養命下藥治病五穀魚肉者中藥也何謂上藥古人之格言懿訓能消我習氣開我知識引我入道使愚者智弱者強沈滯者豁達故曰養性若誤服異端邪説而不知簡擇為害甚大下藥者草根樹皮也世人縱習氣自用内不能節飲食嗜欲外不能慎風寒暑濕則臟腑有積聚之傷經絡有時氣之受用枳殼蘇梗之類以消散之大黄巴豆以滌蕩之無病服藥如平世用兵用兵為殺賊無賊用兵兵盡為賊矣無病服藥藥盡為病矣服藥過多致成

瀓症不救者不少不可不察也惟人參為草根中之不甚偏者故能稍有益於氣分然亦藥物也非天地養人之精可比或可偶用於一時常服之無益有損明白醫家自能知之不俟畸人言也醫家祇有治病之藥無補我精氣之藥何也精則補精氣則補氣枯朽樹皮陳宿草根何精何氣且人之腸胃所容有數既受藥物必占飲食地位致飲食少進而正氣愈弱矣縱有補藥亦非常服之物何也如用糞以培田土須視苗色黄瘦則當用用之而苗色轉青即止轉青而更用之不止嘉禾必敗氣聚於氣海本無根蒂開口便散心緣於外物本無關鎖閉眼尚有夢與白日應酬無異氣隨之耗知不能冥直是無可奈何

得至人指示却又不難但能專坐不放手不間斷忽然得氣心
思自不能起故止言養氣更不言心上工夫玄門中以神氣喻
鉛汞汞之為物斷然煉不死得鉛氣與交便不走滚。心之為物
斷然不能靜斷無攝心之法得腎氣一起即凝然不動。屈子曰
壹氣孔神兮于中夜存，虚以待之兮無為之先。養氣之口訣也。
當屈子時尚未開玄門一路而養氣之旨已有所傳可見古人
無不留心于此者古人之道上至知天地之變化下至治國平
天下無非在養身治性中充去而養氣一着為却病救身之切
務事無大小皆要身子去擔當疾病一來此身便不可知此人
人所最易見者于此且不留心真至昏至愚更無可通之路與

天地之生意斷絶矣與朽木糞土無以異矣

精氣神三者惟精爲貴惟精有光惟精有氣惟精有神故光曰精光氣曰精氣神曰精神光現於目氣接於鼻神達於口目鼻口列于面門整然三層位次豈不是个大證據大關頭易曰神也者妙萬物而爲言者也妙字玄旁从杪省文明明指玄之杪上見妙如何是玄如何是玄之杪于此須力究自得一一從問答上明白實證始得

精氣神雖分爲三歸根只一要知根在何所

玄門玄字本于大易天玄地黄之玄玄不可見因黄以見黄不可見因青白以見欲識青白須先知兼物如何爲兼物有志性

學者請向茶碗上看取

玄門性命二學一齊到手完得个玄門中無病的人性學是却心病的氣學是却身病的身病顯而易見心病微而難覺世人迷惑于嗜欲之中易見者尚不動心難覺者安能反顧所以舉世大病鬱結昏亂横流日下莫能挽回此先知之士所以深慨極悲蒿目撫心而不能已已者也畸人今日出山到此談玄説妙叨叨怛怛不惜為明眼人譏訶竊笑而不顧者其中苦心亦豈得已哉皇天后土實臨鑒之

羊山磐莊先生語錄卷之六

易堂學人魏際瑞錄

志學門人胡廷鳳校

康熙十年秋九月浙江撫院范公具簡托其宗人羽玄孝廉到羊山莊居請先生往見先生三辭孝廉具言寒宗本欲就見因有政務不能出境特托某代見固要先生至其家止宿令其族之文學公安等三人送先生至浙撫公接以賓師之禮留先生于仕學館問道

先生以幅巾拄杖見撫公出拜接至仕學館坐定進乳茶卒然問曰先生之道是禪是玄師舉起杯子云此中是何物公云乳

茶師云是禪是玄公云如此答話是禪了師云何謂禪公無對遂出應政事去明日侵晨復進乳茶主人方出見禮畢坐定問云先生學問究竟何所宗師復舉茶甌云向此辨取看公不答而去至午後復到坐下良久多所泛論不錄師曰學問之事須要上身不上身則不得用人欲求道者何為祇為安身立命耳不得用則不能安身不能立命學他做甚要上身須知只在一問一答上。孟子曰有答問者。豈孟夫子亦從釋氏學者麽。如何是問如何是答于此清楚得庶于學道有入頭處老釋二氏與儒者宗旨雖別。至問答往來徵驗勘辨。無可異也。未入真道學之門。不知答問語脈。聽去自莫能辨。自來儒者答問之學已絶。

玄門答問未開關。唯釋氏有禪宗問答。在人耳目、故纔有問答。便謂是禪。及至問禪究不能答唯知禪乃能答禪知禪宗問答乃能知畸人這裏問答之非禪若是禪家問答適才舉乳茶爲問還許答乳茶麽問如何玄門未見有此等話頭師云適才已道過玄門尚未開關儒者之問答已絶使儒者之答問猶在禪玄兩家之問答皆在範圍矣禪分五宗曹洞一宗實與老莊宗旨暗合彼却不從老莊入門能通其宗旨則其往來言句即是玄門問答聖人之道有天道有人道天道在易學人道在大學易統禪玄全在問答上見至大學乃可講論又非後世諸儒泛然無據私各逞臆說之講論也須要看得个物字清切然後據以講論乃可施之行事學者安身在行事學問不透饒你絕頂靈利只是个不知事的迂腐問曹洞宗旨既與老莊不別如何不承當玄門去却開宗于釋氏之禪師曰禪玄是店號宗旨是貨物但出得貨真不妨掛那一家牌號衹要有人上店好脫貨便了問即今先生是甚麼貨師曰我是雜貨問貨雜如何賣得去師曰只恐不雜到雜乃妙雜則無邊幅無檢落雜則天下通行古今不變雜則滿足全備正路正氣雜則精細光華及時得用孔聖云物相雜故曰文又曰文王既没文不在茲乎此雜貨豈不是文王孔子傳來的麽中間為盜賊異類所侵擾竊據致湮没拋散竟不可問東家也拾些去着些假掛个大店號西家

也拾些去着些假掛个大店號盡把官物當私貨老號作新記開張店業買賣鬧熱只圖混過目前抱个不哭孩兒全不顧老店倒敗真貨變壞脱有人問起真貨來店中人驀面唾去遞出陳濫葛藤扭捏一上換人眼睛強作主張大叫喚道這的不是真貨其人眼目定動劈頭便打云將謂别有那舉世如此總無處見个真的其人究莫能辨遂信以為他家店業已久定不欺人欣然領去更不懷疑復去展轉販賣自害害人可憐可憐畸人天生頑鈍見此鬧此死不甘心也曾親向他店裏走過費盡氣力買過貨來覺得隱隱地有些不妥帖知其中必有情弊畢究要尋个真的對證始好放心于是翛然獨往不惜身命徧歷

險阻饑寒顛沛並不暇顧直尋到深山窮谷中天下人並不知並不信的所在立定脚頭一問果然遇著真貨却在此出過一身白汗脱却草鞋住下與他眉毛相結鼻孔相拄抵死不放經冬過夏不論辛苦乃得到手受用且道真假畢竟如何辨得但能見過真的假的不辨自破真又如何能見要見真的須先尋一面真鏡磨得此鏡徹亮對面一照自見分明一毫欺蔽不得若無鏡照並無證據又須知真貨是活的假貨是死的如何貨有死活譬如鉛汞二物是没甚大用的鍊而為丹便能點化百物點化到手天下貨物儘我堆積便用搬弄貴賤兑換南北總出不得我手裏眼裏有此一雙手眼乃能做得生意安得身立

得命

畸人今日憑著一雙赤手一隻窮眼東家店貨也收他過來西家店貨也收他過來招得主顧上堦倒盡他囊中所有不論是銅是鐵是黄是白一并重下明鑪煅个通紅凡屬一向假充僞造之病夾帶之物盡情消去單單存下最初被他家拾去的些些真種子重新部署次第起來要做一出上好大生意大家將來活命養親謝天謝地去只是却少个店面只得暫時趕積問先生何時有店面先生曰待得一个同心并力的夥計來即有店面問先生掛甚麽牌號先生曰有號便小有號便私問可竟無號得麽先生曰若無號即同有號問曰先生一向舉易號出

已久何不認帳先生曰如何是易答云陰陽剛柔先生云開口便落假名色所以掛不得此號曰請先生真的看先生舉起杯子云這是仕學館中用的麽答云是先生云却要在我手内買過去方好用用得則陰陽剛柔只在一个杯子上證據適江西孝廉李與偕至先生便起身向庭中散步去

每日泛論不録一日撫公與魏子善伯齊到師坐次魏伯子曰連日領先生之教實為聞所未聞某雖淺劣未能貫通恰似拾了多少碎金私心為之佩服將來身事稍定當歸門下今先生略示至道之要

先生曰至道之要只有一件東西這東西道是嶄新的却是最

古的道是最古的却是斬新的且看是件甚東西皆無對師以目顧主人曰還知得麼主人默然適童子捧茶至師舉起磁甌云知得這个那件東西才有着實魏伯子云某等請先生教但求直說師曰畸人從來只會直說但求直說來最好伯子云若是直說這个是磁甌磁甌上有甚這个那件先生曰要知得這个那件乃直。不知則偏邪。人之生也直罔之生也倖而免倖免之生雖生猶死即今請向磁甌上從直說看伯子云這个直說是磁甌了師曰是甚做成的答曰直說是水土相和入火燒就的師曰然則豈不是水土火三件了除此三件之外還更有一件東西麼答云更没有了師云是更没有了麼答云没有師云我偏要在此尋那件東西出來與人看看即今是土火水三件水還他水土還他土火還他火各還他去了磁甌在何處伯子無以應師復舉起磁甌云大家看看明白即今畸人手中是圓堅白三件並無水土火三件若據實還他去白還色去堅還質去圓還形去磁甌在何處到這裏還直說得出麼伯子無以應師曰這裏知得便直得。知不得即落偏去了。還知得麼。皆無對有間師曰諸位皆安于不知了麼。伯子曰要知得才安。師曰不知有甚不安。伯子曰先生不說起原無不安。既說有那件東西。說到此。却隱隱地果若有件東西不能知得。便覺不安。師曰可見人心之意是安于明白的。有些不明不白便不安了。人之知是个明白之物。無此則處處不明白。有此則處處明白。請看那件東西是个甚麼。今人于事事物物要明白說到那件東西却不去求個明白則所謂明白者皆落枝葉邊追到根本全未明白根本既不明白枝葉邊之明白皆浮而不實非真明白也人之本意不到真明白田地斷不能得真安今人皆弃却根本不求而竟安然若明白者是為偷安苟安而不知有真安者也人于養身之物度世之事木食草衣暫免饑寒為偷安苟安計則可于養心之物求道之事却在枝葉上掘摭餖飣剪綵為花刻木為果自欺欺人為偷為苟可乎畸人今日在此雖承主人見招却是為道求人而來所以不惜傾倒平生為諸位指出那件東西且要人自己去尋着他的落處覷見他的面目使諸位立地得成个真明白的人物庶不負畸人輕身出山之心與主人下問草野之意且道那件東西如何尋得着他要知尋他亦非難事只有一條大路只在此路上倒追順追自然追著若不知路頭亂走野徑便多旁歧致誤便尋不着今日畸人為諸位指清路頭不消費力但辨決定要尋之志一尋即有着實路頭無別只有一順一逆若是逆上去尋則知本于意意本于心心本于身身本于父父本于祖祖本于曾高直至始祖追到最初之祖以至天地之二元二元並立其象乃見得二元並立之真象看那東西豈不是最古的若順流而下從天地祖父到此身開

眼應接對物問物覿面當前看那件東西豈不是斬新的謂是與二元並立的却又適在當前既在當前却又與二元並立豈非斬新最古最古斬新一件東西麼雖然畸人如此指出尚屬牽帶講説一牽帶講説即落偏不得親切不親切便不得真明白不得真明白便不得真安心受用諸位欲得个真受用安心麼師取磁甌問曰這个是甚麼從者云磁甌師曰那件齎從者曰磁甌師曰那件這个是一是二從者曰磁甌師曰大家記取這問答

次日飯後茶坐次畸人曰昨日磁甌問答大家作何見解皆茫然欲走散畸人曰且坐定聽我説你們雖無暇究心于此畸人

却留此無事每日饑飡渴飲無慚無愧虛消官費不可不還飯錢人生此世各去只圖眼下俱是不得有閒工夫的然而饑飡渴飲却也只得要暫撇物務進些茶飯豈不是進茶飯為更急之事乎茶飯不進便無此身去應酬了由此言之更有急于茶飯一事竟都抛却大家不知既説到此能安之乎吾知有斷不能安者且道是甚麼事更急于茶飯唯有明白這个磁甌一事乃真更急也何也茶飯是救身命之饑渴者磁甌是救性命之饑渴者身命止百年性命關千古聖人云朝聞道夕死可矣豈不以為既已聞道已得不死之性命而此身命本非長久之物即夕死何妨則知此磁甌乃大家真性命所關切之物豈可只

知進過茶飯便走去而抛之于腦後不直一顧乎人人盡知日進茶飯以救一身饑渴而不知求道德以救心之餒怯是輕千古之長命而重百年之短壽抑何顛倒昏亂至此哉先生乃舉起磁甌問曰這个磁甌未能言之孩子還能喚得否答云不能喚曰如何却能曰由父母教他喚漸漸能的曰如何禽獸便教他不會唯人教得會須知茶甌以前先有一句乃是不由教的乃天命與人的唯人先有此一句乃能受教乃能言語禽獸無此所以昏而不能今此磁甌千人喚磁甌是千人之知入一磁甌不見有餘以一磁甌攝千人之知不見不足離却磁甌何處有我知離却我知何處有磁甌以此磁甌通之于萬物萬物莫不

皆然以萬物歸之于一磁甌此磁甌直通天地天一磁甌也地一磁甌也天地與其所生焉皆磁甌也則皆知也皆知則皆磁甌也知此則知磁甌之為磁甌矣知得磁甌然後不虛費茶飯然後知每日饑餐渴飲不獨為百年身命應酬世事計算米鹽即成千古大業諸位還委悉麼衆無語師乃起身拱手曰請各職事去

先生辭別仕學館還山至冬冬杪撫公命魏子善伯致書羊山復敦先生過浙遂度歲署中元辰率撫公肅拜六經撫公請授靜息大旨因勸公滿浙撫一任當告退學道俟道明德建後再出視事另有一番作用非近世人可及知者致君為舜禹挈世還

虞夏特斯道之緒餘耳如不獲請更膺新命則以力辭外轉為吃緊不可誤也撫公默然不語先生遂告别將行公留師三日後聽行許歲給山中養道薪水許托其宗人羽玄孝廉為保道知先生有意閉户著述無人應酬于外也先生還山有憂色明年之邜上門人問曰先生常言苟得誦讀終身著述垂後志願畢矣特苦乏閉户肯糧耳今聞已得范公之助矣乃復出山猶有憂色何也先生曰非目前人所知也學易知來自見之爾邜上學人倪逵瞻謹識

馬磨莊語錄 下

羊山磐莊先生語錄卷之八

學人倪後瞻錄

門人施調鼎校

康熙十二年九月二十一日孫吏部虞橋請師至高郵倚杖愛日園越一日就園起期七日開發初學

師就位顧左右云今日是何日倪蘇門云是九月二十二日師云是康熙十二年九月二十二日麽答云是師云此日過去還再有麽陳武公云有億萬年師云康熙十二年九月二十二日那裏還有須知今日過去是再没有的了大家要知愛惜此日一去不來莫輕放過又顧左右云須知這裏是甚所在是愛日

園乃主人吏部公奉養太宜人之地惟孝子能愛曰請問諸位目前各有七尺之軀是那裏來的某答云是父母生的師云即今父母何在衆未對師云父母在則承歡膝下惟日不足以盡孝養之道爲能愛日矣亦知父母亡後之日尤當愛惜乎亦知父母是無亾日者乎目前七尺之軀全體是父母那裏有你自己此身在父母在矣此身能自立垂不朽父母有亡之日乎此身一失父母亡矣孝子忍亡其親乎惟不忍亡親乃欲立身成人惟恐失身墮於異類惟日不足以求立人之道是爲真能愛日之仁人孝子是各成就其可使之悠忽過去乎請問今日大家在此所爲何事某答云爲求道師云何謂道道何所本某答

云本于天師云須從切近處説來某某各答云云不錄師曰君子之道本諸身身何本本諸父母父何本本諸祖從祖推去直至始祖從始祖推去直至盤古最初一人這一人如何生的答云天生的師云天如何生還有父母麽某答云有師云若有父母又要從此父母再推到最初去了請看畢竟最初的人如何生的須知天不能生資生于地地不能生資始于天易曰大哉乾元萬物資始至哉坤元萬物資生書曰惟天地萬物父母惟人萬物之靈這點靈是天與我為人的是不同于萬物的人若不知反求自得便昏昏隨入異類失身同禽獸草木矣顧我此身非我有也陷身異類即陷父母是可忍乎於此不忍發志求

道是豈細故是豈得已之事是豈玩愒月不極憤悱求啟發做得來的事由此身追至最初直至天地二元以觀天地之變化乃能成位乎天地之中立人以任天地之事惟此之謂道今日高郵孫吏部親掃園居留畸人開發初學不妨舉个古人作證據昔日高郵有个孫莘老問道于大覺璉禪師璉答之曰妙道之意聖人嘗寓之於易至周衰先王之法壞禮義亡然後奇言異術間出亂俗迨釋迦入中土純以第一義示人而始末設為慈悲以化衆生亦所以趣時也自生民以來醇樸未散則三皇之教簡而素春也及情竇日鑿則五帝之教詳而文夏也時異世殊情隨日遷故三王之教密而嚴秋也及其獘而為秦漢也

則無所不至而天下有不忍顧聞者於是我佛一推之以性命之理教之以慈悲之行冬也天有四時循環以生成萬物而聖人之教迭相扶持以化成天下亦猶是而已矣至其極也皆不能無弊弊迹也道則一爾要當有聖賢者世起而救之也自秦漢至今千有餘歲風俗靡靡愈薄聖人之教裂而鼎立互相詆訾不知所從大道寥寥莫知返良可歎也璉公此言人豈易識後來有个幻寄曰璉公如相如指璧叔孫謩秦惟取濟事非本然語師曰且道如何是本然語幻寄此言只知換人眼珠不顧自失瞳子然亦要救取璉公何故潛不見古德云與人實法土難消麼畸人這裏却以實法實學開口教人要人向實處徹去

與秦漢以上古聖賢相見于今日直通大道之源正是隆冬已極春氣復還敢謂日消斗金不為分外請問諸位為甚古德道與人實法土亦難消畸人示人實法乃能日消斗金試說說看說得許具隻眼說不得請各人自看眼睛還能有見麼良久出扇子置几上問曰是甚麽衆答云扇子師曰何以見其為扇子曰眼見是扇子師以扇撲滅燈云眼還見麽某云不見某云見師云且去辨清此見切莫虛聚此地虛過此日捉扇起座

每日晚上勘辨問答不錄

第六日晚師驀舉扇子問孫無競曰是甚麽答云扇子師云不是扇子進云是甚麽師曰記取這一句孫無燀曰信不及瀟師

曰信不及箇甚麼燀無語師曰眼非火不能見火非眼不能見是火見不得是眼見不得非火見不得非眼見不得是眼是火非眼非火到這裏如箭架弓弦用力已滿留箭不住且道如何是箭燀無語良久進云是眼是火非眼非火是甚麼師乃厲聲云是甚麼燀垂頭自語云信不及齎師顧無競云信得麼競云信得師曰信得个甚麼衆皆罔措第七日師舉扇子云是甚麼衆默然師曰此事有個時節因緣豈草草得的時節若至其理自彰這個是不假外求求之即得的為甚麼要待時節因緣只因今人離鄉太久飄泊東西隨聲逐色迷失帰路日在夢中莫知所從路鬼揄揶錯認家親忽有一人憫其飄泊悲其迷失從

夢中攝其魂魄直返家鄉彼人在夢中茫然莫知愈生疑惑必俟其人自有醒機覺得異方水土不服厭倦風塵苦思歸宿猛省回頭晝夜兼程遍歷險阻不生退轉愈走愈力忽然耳接鄉音始信身還故里他人欺弄不得所以古人云萬古碧潭空界月再三撈摝始應知今日目前諸位俱是舉業家人埋没於訓詁理路之中既久且深從未知有離却書本文字去參究一路忽然生捉活烹便要起期做工夫此是主人欲亟亟成就學者之心豈知此事是這等做不去的主人立意如此畸人亦不暇計較隨機應酬一上要諸位向耳聞目見處究入即今扇子在此大家見是扇子究將甚麼去見若説眼見没有三光眼還見

否若説三光見没有眼時光還見否若説眼與三光俱不見是心見没有眼與三光時節心還見否若説眼與三光心齊見雪夜千里一白長空萬里一碧中間曠蕩無處着眼茫然無見一雁飛過見識乃生不又因别物纔見若説因别物見以物遍塞眼前還見否。又必要一片虚空乃見若説虚空見没有我心虚空見否是眼是光是物是心是虚非眼非光非物非心非虚畢竟是甚麼見于此見得天下知識没奈你何于此不見天下知識亦没奈何你何為甚見亦没奈何不見亦没奈何舉起扇子顧左右云看看良久無人開口放下扇子云没奈你何没奈你何

第八日愛日園主人求舉易學大旨

師曰聖人開口便說個學而時習之又曰吾十有五而志於學且道學是學個甚麼後邊曰加我數年五十以學易纔說出個易字須知聖人終身所學者是易易是何物學他甚麼須知有學與不學之利害人無志於學止是不知利害利害明而志立矣志學易是志聖人之志惟易冒天下之道天下之道無不為易所冒故惟學易為大捨是皆小皆不足學凡留意于言說可到者皆不謂之學語云詩書執禮皆雅言也惟易不可言故惟易要學道是易之名易是道之實天下止有一道而無異教教有異則道為之裂裂則分而小小則彼此不通是非競起此是

彼非彼是此非各是其是各非其非而大道晦真是真非不立而人心惑人心惑而異學法術興法術興而世事壞世事壞而天地不易人如鳥獸矣

天地一交十有八變而生風雷水火山澤風雷不可得而見亦不可得而聞觸物迸地有聲無地無物則併無聲是謂無象之象到水火是可見的了然火必麗薪而見水必貯畜而存較顯于風雷究竟捉拏不得是謂有象之象到了山澤便成形了既有山澤之形然後生草木鳥獸男女草木根于地不能移動的是不靈的鳥獸乃能離根飛動稍靈于草木直到生人乃透出知能立萬物之頂成天地之能立天地人之道風雷水火山澤

三層是從微至著的草木鳥獸男女三層是由頑至靈的人之心立于天地之始人之形成于天地成物之終故惟人靈于萬物乃能知萬物之變化統天地之始終以為道

天地人之道冐于大易易學大旨知知立人而已天地無知惟人有知惟人知能統天地偏于天不知地偏于地不知天偏于天不知天偏于地不知地偏于天則有天而無地偏于地則有地而無天無天無天究并無地無地無地究并無天惟天地中不倚天不倚地乃能并有天地惟天統地惟地順天天地乃交交有邊中惟人受命天地之中故惟人之知能統天地統天地斯統萬物矣

風雷水火山澤是天地之為物是不生不死的草木鳥獸男女是天地之生物是有生有死的風雷水火山澤俱屬偶的有個奇統其中奇也者天地之神也風有風神雷有雷神水有水神火有火神山澤有山澤之神統之者為上帝草木鳥獸男女皆落偏的落偏是情制情惟德草木有草木之情鳥獸有鳥獸之情男女有男女之情能類萬物之情以通神明之德為大人乃能成位乎天地之中

有生有死之物是變化的不生不死之物是不變化的變化是無常的不變化是有常的天地中人千變萬化為此不變化的生此變化的人心之靈千變萬化極天地之數盡性命之理立

人道于至常乃能輔相天地之宜以左右斯民

常道在人惟有禮樂禮有禮數樂有樂章禮之數本二元一交

之象樂之章本二元一交之文明則有禮樂幽則有鬼神知鬼

神之德者能通禮樂之情禮樂皆得於身謂之有德

天地與其所為所生皆物也物不能物物惟人能物物物物惟

人立人辨物物辨知知知知人立

天地之為物從微至著形則著著則明天地之生物由頑至靈

知則靈靈則神

草木根于地倒生的是無知的人本于天竪生的是無所不知

的鳥獸横生上不通天下不通地是偏知的

鳥獸之知止知牝牡雌雄飢食渴飲趨避寒暑而已其他不知也凡民衆庶不知學問僅知衣食之馳求男女之相聚此外一無所知與鳥獸何異則人之所以異于鳥獸者豈不在于學乎學則知日開至無所不知而為知易之大人不學則知日閉觸處茫然手足無措動輒得咎而下同鳥獸惟鳥獸知偏有害于人人得而殺之人不知學則知如鳥獸知如鳥獸則行如鳥獸行如鳥獸則身犯刑戮而莫之救納諸陷穽而莫之避此學與不學之利害也

人生對物而後有知即今以此知去知物如香盒在前知其為香盒矣而此知香盒之知何自而來請看人死之後還知得香

盒麽須知香盒以前有一句乃是知香盒之根不是虛理虛言消得去的實實要口中吐出來的目前遇物遇事人人口舌利便會得從横翻播反正辨析獨要人説香盒以前一句便眼直口塞左右不得定動不得立地無知同于草木若是不顧來問稱口掉舌無本可據亂滚滚説去墮在兩頭轉變不得立地偏知同于鳥獸此處關係匪細要求個着實透脱此處不着實不透則逐物遷流滔滔不返處處落偏處處有害偏於左必害右偏於右必害左偏于左即害左偏于右即害右偏於前後上下亦然如偏于身即害心偏于心即害身偏于孝即害忠偏于忠即害孝偏于家庭即害邦國偏于邦國即害家庭處處有害處

處安身不得則昊天上帝與我無所不至之知竟自暴棄同于鳥獸草木草木受斬伐而不知鳥獸遭殺戮而不避豈非大害欲免此害惟有個學鳥獸是不能學的只此能學就是人之異于鳥獸處須知此學非讀書識字博文強識之謂亦非註疏訓詁牽配理數之謂只就目前香盒上求至此知以知知而已知如何知以知知知如以目視目是斷斷不能得的欲見己目對鏡乃見欲知我知對物乃知目前香盒是物知其為香盒是知物了我人終身用此知去知物竟不知此知物之知是个甚麽是謂不知知不知知則終身去知物為物欺蔽為物陵役而我知竟無矣記曰物之感人無窮而人之好惡無節則是物至而

人化物也人化物也者滅天理而窮人欲者也於是有悖逆詐僞之心有淫佚作亂之事强者脇弱衆者暴寡知者詐愚勇者怯弱疾病不養老幼孤獨不得其所此大亂之道也故大易之道惟有求至此知以知知也知如何至知左不知右是不至右知右不知左是不至左即今日對庭樹知其為梧桐矣須知梧桐那邊是甚麼不知那邊是那邊不至不至那邊是偏這邊彼此有偏不能一至則彼此不通是非競起爭鬭殺伐隨之學絶道衰不可救藥故學莫大於求至此知以知知也知那邊又知這邊知這邊又知那邊知左又知右知右又知左前後左右上下均齊一至則至知矣至知則知至知至則知知矣知至知知

則人心正而上下四旁無不正所謂正己而物正者也物己正則真是真非定而人事修人事修而鬼神應禮樂明天下之理得而成位乎其中古之王者所以拱手垂衣於上而鳥獸魚鼈咸若於下者用此道也古之王者必有師非學大易之學不能為王師究其學至無所不知而其要止在知知知知而人立人立知知知外無物物外無知道濟天下而知周萬物生為大人没為明神上下與天地同流易曰自祐之吉無不利天下之利莫大於此故易學大旨知知為究立人為大即日賦詩二絶句別愛日園還山

家住江南黄葉村清泉白石照蓬門桃花米熟蓴絲滑鄰曲依

依慰曉昏
天風吹我過高郵，愛日園中十日留。逐浪隨波成一笑，掉頭東下大江流。

羊山磐莊先生語錄卷之八

學人洪嘉植錄

門人何茂椿校

康熙二十年秋九月中先生絶糧于羊山莊居受家學憲谷一兄學静息之請冬十月初迎先生至邗溝别業翌日閉關却掃夙興行燕居相見禮先生為説静息大義

先生曰静息者道中之一事所謂道者身心上事也無與於身心之事皆與道背馳欲求得于身須離事物静息欲求得于心須即事物參究參究是用心故得于心静息是用身故得于身用心不可雜一點身事用身不可雜一點心事

先生曰靜息有三家有玄門家靜有禪定家靜息有連山家靜息皆身上工夫于心學無涉今學憲耑求却病當從玄門靜息玄門靜息以養氣為旨欲養我氣須知天地之氣天地之始萬物未形一氣渾沌渾沌既分輕清為蒼霄重濁為黃壤此目前覆載之天地也一氣以前天地未交乃左右並立之二元也唯元不交始乃有交知元始之道則知天地所以化氣成形之道而靜息一路有不必言矣

天地交而成色虛蒼霄為太虛黃壤為廣色無一物非蒼黃之結聚無一物非廣大之散殊色内皆虛虛外無色色虛見于分合。精神見于内外知分合則知外内則知養内養外為養氣之

道

人生本于天人有精氣有神氣天有旦氣有夜氣晝夜者一氣之闔闢也精神者一身之晝夜也

玄門之道有見于天地之交化氣成形而止兼物之道也

人之生也平旦則神氣開發而攝光受影乃生知慮以應接事物日莫則精氣收斂而光沉影匿夢想俱無冥然熟睡養氣之道須知養精氣於夜養神氣於晝應接煩則神氣耗而夜多亂夢精氣為之不交而内虛熟睡無夢精氣乃足精氣足則應接不倦恃不倦而過于應接則心煩慮亂而外脱閉關却掃靜息無為神氣乃復

古人日出而作日入而息動靜闔闢人與天一熙熙者在也若人謀自養有斷不能全者一有偏枯即為失養苟失其養無物不消况此生為最柔脆無根蒂難養之物乎

我之有生精神之不解散而生也欲養此生須知晝夜兼養所以養精神也一失其養即時解散可不危愳我之有生有生之主在而生也生之主者精神之主也主以神為用以精為體莊子有養生主一篇書極言養此生之主特指出个主以示人人生於父母父母不能作主人生于天地天地不能作主合天地父母為主而主非天地父母此主如何去養他要養他須先知他此主又如何知得他不能知即不能養矣養生之道可輕視

乎哉不盡其道而欲其奏効于旦夕之靜息是輕視之也

玄門是坤道地道妻道臣道坤之辭曰後得主而有常謂此主也欲知主須知常

老子曰復命曰常知常曰明不知常妄作凶請看如何是常還有人知得否于此不知終身行黑暗中當局臨場莫非妄作取凶之道陶靖節詩云居常待其盡又云任真無所先能知常乃能居常知任真乃免妄作知待其盡無所先乃能任居真常由靖節之後鮮有知之者矣屈子遠遊篇云壹氣孔神於中夜存虛以待之無為之先此先此待正與陶氏之待之先同旨可見學問到真至處今古吻合不約而齊屈子在養氣上見靖節在

養神上見屈子欲持此道以逺遊物外靖節乃抱此道以歸田終老靖節雖終老田園而心中有一段無可奈何之事托之飲酒气食思入桃花源屈子雖欲逺遊物外而心中有一段不可假托移易之情終之以賦騷懐石沉湘此又屈陶始終遥相映帶處可見天地之真性斷不為濁世所磨滅其精光浩氣薄日月凌星斗亘千古而昭然在目長生不死之道蓋有自來矣誰謂神仙之説為不經漆園之辭為荒唐乎噫

禮曰人生而靜天之性也老子曰玄牝之門是為天地根歸根曰靜靜曰復命請看根在何處知根則知歸根則知靜之為靜而命在其中性在其中矣曰歸根曰復命可見命根只在一靜

曰歸有出之辭也曰復有去之辭也蚩蚩之氓但知出而去不思歸而復一出母腹即亂動至老其行盡如馳而莫知能止豈暇思命根之所在家庭安榮長久之大業故在甘為捨父逃亡遷徙無常之窮子不亦悲乎吾人于此當知所以自省矣

老子曰道可道非常道名可名非常名試看天地萬物莫不有名可名凡有名可名者皆有道可道其可名可道者非常道常名而不可名不可道者亦非常道常名知得常道常名則主得而入老子之玄矣且道玄又在何處入老子極口為人指出个竅玅請看如何是竅如何是玅知得真竅真玅則入真玄而養氣之道得矣得道養氣豈僅却一身之病而已哉

竅有衆竅竅有衆竅竅見于面門莊子以大木百圍之竅穴觀竅以言吹天籟觀竅衆竅收四竅四竅歸一竅且看一竅在何處追到一竅竅即竅竅即竅非竅無竅非竅無竅是謂真竅真竅老子曰此兩者同同謂之玄出而異名曰竅曰竅

十一月朔日去燕至燕居相見禮畢先生謂之曰畸人留此二十餘日矣無所啟發殊覺無謂早晚即欲還山看寄庵韓子病恐違谷翁相留之意不便啟齒告别欲為説玄門宗旨以答谷翁庶幾不虛此番往還且可為别後問答之資趁此寸晷相聚説説即可買舟渡江矣去燕乃操筆而前各就位坐定

先生曰今日在這裏做靜息工夫須畧知玄門蹊徑靜息專養

一身之氣縱能得手至坐脫立化只是玄門之一半玄本天地之交天地之道有分有交有變化分為塵空交成色虛立人辨物乃成變化具于大易六爻之象學者能通畫前象數乃能徹見其全玄門玄字本之易辭天玄地黃玄字而來唯易彌綸天地之道天地之道無有毫末遺漏在易之外者何更有玄門一路蓋自周道既衰禮樂崩弛富國强兵之説熾而成兼并之勢孟子之道不行生民不得安息養生喪死之憾鬱結于天地之間荒疫頻仍干戈不息世患慘酷至無可奈何而老莊之道興大易有六位老莊之道有合于易之初位初為潛龍孔子曰不易乎世不成乎名遁世無悶不見是而無悶龍德而隱者也蓋

大易之正面立人辨物由而正之以名以開文明之世者也老莊之道齊物冥知不由而昭之于天以遊人間世者也看莊子人間世一篇書其苦心亦無所不至矣此人間世實唯莊子知之實出于尋常意料之外生此人間世而不知此人間世未有不受人間世之大患者老子曰人之大患為我有身使人以有身為大患人間世之大患可知矣而人間世之人竟未嘗知也此莊子之所謂大哀者也天生萬物人處其一以其有知能辨萬物故別之曰人以貴之人之所以貴于物者貴其有知也有知則生無知則死生則知明死則知冥知辨物則明知齊物則冥冥則與物俱化同我于物是則以我之至貴貴者反賤之至明

者反昏之矣其庸詎可乎孟子曰舜明于庶物易曰開而當名辨物物唯辨乃明一不辨即昏亂至昏且亂則知如禽獸知如禽獸則行如禽獸行如禽獸則人皆得執而戮之矣是則不知辨物之學終不足以救昏亂免殺戮也孟子曰予豈好辨哉予不得已也此孟子救世之苦心也孟子一生所任唯有一辨乃極人禽之辨王伯之辨性善之辨竟不能動齊梁諸君及門諸士孟子之道蓋至此而窮矣孟子之道至此而窮是人道至此而窮也唯人道之窮為天下之大患是天下之大患竟不能以辨救之矣既不能以辨救之庸詎不能以忘辨救之乎救之以忘辨此莊子齊物之道也亦易窮當變之時也蓋天下之大患

大亂者由于名實不當是非紛爭也處此人間世既不能與之辨是非而正名實矣即從名實以齊之名實一齊是非冥而爭端息豈不省事省力然物之不齊物之情也强不齊以為齊則不齊矣何以能齊此不齊之物夫物之有萬不齊者物之名也循名求實唯形質聲色臭味而已以實齊萬無萬唯六六不可分何可謂六六不可合何可謂非六非六而六六而非六分合不得此天地為物之性也以天地齊六無六唯二唯天地二物天何以名天地何以名地天不自名天有指天者在地不自名地有指地者在天地一指萬物一馬是馬非指是指非馬其究為實乎為虛乎虛實不得指馬不得于此知得則萬物齊而知

冥知冥物齊化我于物同物于我呼牛應牛呼馬應馬任運逍遥遊此人間世而無患乃能為人間世之大宗師可以應帝主而救世患不須用一點氣力者也此老莊之道為玄門性學也天地之初原有齊物之道非莊子以臆見剏立之者也自易學既絶之後凡有一説可通以證人身心上有一偏之得者無不前具于六爻之内非易學之外另有所謂道也因指几上硯瓦云此謂何物曰硯謂之曰硯者物之名也如何是硯之實循硯之體唯黒唯堅唯方謂之曰方則方與天下之方通為一矣謂之曰堅曰黒則與天下之黒天下之堅通為一矣與天下之黒堅方通為一則無硯矣無硯而名硯有不是硯者指之乃名為

硯舉茶甌曰這不是硯此之謂指唯指兼物，唯兼乃齊，唯名成物，唯辨乃成。名者爭之器也，正則不爭，爭則不正，唯成乃正，唯正乃成。正名在辨實，實不辨則名不正，名不正則位不正，名位不正則物毁事敗而大亂作矣。名位正則人立于天地之中，而上下四旁無不各得其正，而天下化。正位即正實，正名即正言，正而名正，實正而位正，位正而名正矣。孔子曰必也正名，此孔子之道，本之義文者也。正名辨物之學，大易之正，面中四爻之道也。莊子云此世不可與莊語，不可與莊語是不可與正言也。不可與正言乃齊物以化言，欲化言先化物，物有不化則言有不化矣。凡天下之至賾至動者，莫不成于人之言，則凡天下之至賾至動者莫過于人之言矣然極言之變不能無對待有待之言為不化之言有不化之言即有不化之物矣乃化物為竅化言為吹吹本無聲唯竅所變竅本無物遇吹成聲化聲之相待若不相待之為危言危為酒器形如山巵莊子之見以精神相抱為極至者也言出則神離精而有是非言不出則精離神而成查滓其言曰彼是莫得其偶是為道樞葢彼此是非者偶也極天下之事物理路不出乎彼此是非曰彼是者半舉也彼出于是是因乎彼非彼無是非是無彼則莫得其偶矣樞者旋轉不滯之物也旋轉不滯乃得圜中從中直上覷從中直下覷有象如危欲知危言須先知重言寓言莊子曰重言十七寓

言十九卮言日出和以天倪此齊物之玅用也知齊物之妙用在卮言玄門之性學了當矣靜息工夫只是氣血邊一半學問之事從天入者知邊盡從地入者氣邊盡靜息得手真氣充溢心沈氣内分別不生見得萬物之形皆成于氣則萬物之形皆我之氣萬物之氣皆我之形千變萬化而未始有極實證長生不死之道更無可疑矣更不信尚有性學中事也世俗相傳神仙五百歲有雷霆之擊但知靜息一邊不知究竟性學縱生到澄潭月現實證長生忽遇逆境當前一時觸動即如烈火勃發盡情打失如何說五百歲五是滿數從地四結聚至極則去不得處雷即迸出此雷出于自性性學不了當此雷必發透得性

學。雷即變為風為吹矣。故靜息必以得性學為究竟也。性學全在問答上入手透得重言寓言乃得卮言之用性學了當矣請看如何是十七如何是十九欲知十七十九須先知十八莊子如何不說十八對硯曰硯是謂十八大易十有八變而成卦曰乾曰坤曰山曰澤此立人辨物之正面也維正面可以當名惟當頭乃妥當名者物之頭頂也不知辨物之學一犯當頭即觸忌諱大患立至無可逃避惟易之正面當頭不諱揖讓進退禮樂文章從此盡善學者須從辨物之學以正名實而化天下無難矣要非王者在位不能行此王者之興必有王者之師王者之佐易學正面王師之學也古之王者必有師無王者起雖有王師之學亦不敢出正面以示人唯有退下一位走出一位或潛或亢或伸或縮以適世之道無位之人現世救世而已夫人立身于天地之間能安土乃能敦仁而等級隆殺之禮有所措禮行于上下乃能化民成俗當此人間世無土可安則無家可成而民散散而離處必為亂從而治之以法使散而不亂惟有潛亢二爻之面目矣人以孑然一身欲與衆離處而不亂非為我即兼愛更無第三法兼愛者千百人同餐共寢為我者各分寢食各不相通故富國强兵之説熾即有楊墨之道兼并之勢成即有仙佛之法仙佛雖非楊墨至各立門庭為我兼愛之法則同為我兼愛之法得行由等級隆殺之禮先亡易道之正面

不復可見更為方術世儒所亂一亘晴空盡障雲霧天下之人俱在長夜夢寐中耳目無所聞見手足無所措置而聽憑餓鬼畜生所吞嗜不敢喘息此人間世大患中之大患也畸人到此只言靜息而已矣復叨叨及此者畸人今日不得已之苦心也其有能聞畸人之言而動心求入齊物之道者乎如齊物不足以動人我將轉物以動之齊物有齊物之言轉物有轉物之句如何是齊物之言天下莫大于秋毫之末而泰山為小如何是轉物之句天下莫小于泰山而秋毫之末為大齊則不轉轉則不齊各有宗旨各不相通而欲通之者則有大易濳亢二爻之義在畸人今日在此與友朋相聚言論往來且道是濳是亢是

中正大家説説看無人出口先生拂袖起行

問答在後錄中

羊山磐莊先生語錄卷之九

學人張　蕙錄
門人戴長庚校

康熙二十三年冬十月倪舉人廸毅問道至羊山磐復追至木瀆見先生不得問信宿舟中至天平山上沙為先生覓居停之地乘間擬問先生終示之以默然翌日將别去請先生遊石湖艤舟石湖書院怏怏不即分手時從遊為高我止張雪汀沈在王皆欲先生一言以副來意

先生乃顧左右曰廸毅以問道為言不知所問何道試令對人說說看廸毅未應高我止曰道大無窮不可名言如何好說廸

毅乃曰欲知養氣却病之道先生曰養氣却病不足謂道乃道之一端古人所不説起果有志於道請從目前事物上求自得於心乃能觸處會通何有于此一端惟玄門以此另闢一路以通世俗之溺於巫醫不知自求於内者耳要知玄門亦不重此莊子曰吐故納新爲壽而已此養形之人所好也則已抹去之矣玄門以老莊爲祖宗老子言道嘗及治天下未嘗專言養氣却病然而天下不治天下之大病也天下有大病人豈能安身於其間人盡不安而我欲獨養一身之氣却一身之病不過强避世務暫就幽閒以習静息或可却小病于一時而心知未開躭於故習未有不旋却而旋復者人生於天下猶魚生於水中

未有水受毒而魚有不病者必能使毒水為清波救衆魚於死地乃可謂道也知道即以道為養氣却病亦可令迪毅之來意在、却一身之病不思究病根之所在而曰問道既是問道畸人却真無處說起直以默然答之非不答也於此既不會請以當初老子開口為人處作證據老子曰道可道非常道名可名非常名因舉茶鍾問曰此為何物高我止曰茶鍾先生曰茶鍾是名名其為茶鍾謂可名可名即可道可道非常道去名循實無可名茶鍾者無可名即無可道無可道亦非常道古今不變曰常頃刻遷流曰變變即無常常即不變凡屬形體皆無常之物一如落花流水白衣蒼狗刻刻不停急急推移何所憑據以安身身有不安心豈能放下心不能放下身豈能得安充人求安之心不至歷千百世不變不止佛者言仙人到五百歲有劫數難逃人間之往往有不願學者可見長生不死乃人所同欲而究不出百年與物同腐而不悔何也由溺於世習日深月固隨大勢混去而忘之耳即或偶然有動心者遠求於蓬萊近惑於方術而失之不知止在目前茶鍾上究入證據也復舉茶鍾問曰此是何物道茶鍾不是常道不道茶鍾不是常道畢竟如何是常道請道道皆默然

先生曰天下之至道并無奇特止在目前一物上求入問答語脈乃見真實落講說即涉道理不得真實入得問答語脈立證

神仙地位雖飛空之天神羽化之真仙🔲盡其法術驚眩世俗以為最奇特者到此一問一答上却開口不得乃知天下古今之最奇特者惟此一問一答而飛空羽化至騎龍跨虎俱不足為奇特也惟此一問一答謂之神通世俗所不能見不能信者也世俗之信神通以其為可見而信之究未曾目見皆耳食之見不知神通固在無聲無臭中變化豈世俗眼目所能見惟能見人所不見人亦莫能見莫能知正是人所不可及處古之君子不見知而遁世無悶者以其能達德於天開眼於不睹不聞之地也中庸曰君子之所不可及者。其惟人之所不見乎。能見不可見之物乃能統可見之物即可見之物以舉不可見之物

乃可與通問答而入道

先生曰病有標本欲却病須先知病身病為標心病為本未有身心莫辨標本不分而能却病者老子曰三十輻共一轂當其無有車之用人身車也身之有心轂之輻湊中虛處也知車之用不在轂則知身之用不在肢體不知究用之所在則不能開眼作主動輒瞀亂冝疑忌乖違危至不救從何下手知用之所在則知用本無病病自何來莊子言養生主。蓋教養生者求養此生之主也。生之主形體之君也天下之君生民之主也能養此主以君天下齊民得遂其生而天下康寧能養此主以君形體則血氣充足災害不侵一身之與天下形有衆寡道無大小君天下以道則天下通為一身主一身以道則一身通為天下人與萬物並形於天下天下人特萬形之一其渺小亦甚矣又以一身處天下人之中何啻九牛一毛然而求其得生之主者。惟人為能。不第萬物不能天地鬼神皆有所不能故一得此主。則能統天地兼萬物合鬼神為一。而我一息之往來。即海水之潮汐。天氣之寒暑。一言之成立。即上帝之明神。萬物之常光也。落形體一邊如此其小。知本得主如此其大。人豈甘心囿於小而忘其大哉。盍一思之以求其道也

欲養氣者必先養神欲養神者必先知神未有不先知之而能養之者也知飯之養生知毒之害生乃能用飯去毒生得其養

苟不先知則飯與毒莫辨其害生也必矣氣猶膏薪神猶燈火養氣而不知養神猶欲燈火長明而但益之以膏薪閉之於密室不慮隙風卒至防衛偶疎膏薪尚富而無救滅息矣要知膏薪有窮火傳無盡能知無盡之傳則萬物皆爲我膏薪而千變萬化亦隨之無窮矣世俗言神仙隱顯莫測聚成形散成氣非虚言也知真神則知其爲實矣神仙之神即鬼神之神今人事事自以爲知説到鬼神皆不敢擬議言有不得言無不得無論賢愚貴賤莫不茫然無所憑據一聽巫覡之使令而趨走奉承之不暇間有一二硬作主張悍然不信者又落於無忌憚之妄爲中無定主恍惚不安暗受鬼神呵斥致禍反爲世俗所譏笑

是皆不知根究其實於目前者也天下之至道無不範圍於易

孔子傳易之辭曰神也者妙萬物而為言者也豈不是聖人為

學者指出个真實所在人自眈於俗學不知離書册求證據於

事物上徒事目擊口誦滾滾過去略不留心竟不知此言之為

真實指出耳試看萬物森布莫不有死生成毀惟能立言垂世

獨存不朽人之所以異於萬物靈於天地間者惟此而已請看

人之能言何自而來莊子曰樂出虛。蒸成菌。樂者聲之會。蒸者

氣之聚。菌無根。憑虛而形。虛無聲。藉形而出。言為心聲。身為心

形。易曰精氣為物。遊魂為變。精氣即是神物。遊魂即是神變。精

統於神。形成於氣。形神離則無物。膏火分則無燈。玄門一路。蓋

借鬼神以立者也。人心有三大疑：幽明一，死生一，鬼神一。不求易學以追畫前象數，斷不足以透盡三者到真不疑之地。不到真不疑之地，病根斷不能盡拔。佛氏之立。則借生死一路。二氏所借雖不同。同隱於巫以食於世俗。是皆隱於幽明一路矣。若以幽明之故追到仙佛腳跟下，仙佛皆有跕不穩之病。禮曰幽則有鬼神，明則有禮樂。禮樂者，聖人所以治神人和上下之至道也，所以師百王垂萬世而無敝者也。禮廢樂崩，申韓起而亂之，遂絕其根而成天下之大病，乃為二氏飲食之地，道從此隱矣。莊子曰道隱於小成，言隱於榮華。草木之花曰榮華。古今之言千說萬論，是非純疵雜然並呈，而真言不存，猶草木之花千紅萬紫間錯參差粲然齊發而中虛無實毀萬物而還天地曰小順變化而成萬物曰大成一節一行之人爲小成至道盛德之士爲大人欲求道而不知天地之易則無物不知辨物則無人人不能離物而有知物不能無人而自成動物有精神植物有根杪精結於根神出於杪玄之爲玅即精之爲神玅字之文玄旁從杪少即杪之省文人能究盡萬物之根以極杪則知根杪一至幽明一言花落則根現於果精斬則神䄻於天天不交地爲無生果不萌芽爲長生知至此俱無言可説而真言舉矣真言無聲而有句。真句緘口而常記。二氏所見不同。而舉處無可異。以易道觀之。一本天地之分以爲道。一本天地之交以爲道。皆無與於天地之易者也。惟易能盡天地之變化。乃謂之道。謂之至道也。以道養身處家則身安而家靜以道治國及天下則家家安靜國國安靜矣天下之難治由人之多欲也多欲則多費多費愈多欲心無厭足爭奪起而盜賊興天下大病矣天下本無病盜賊為之病天下本無盜賊多欲之人教其刼掠易曰慢藏誨盜我無私藏盜自不至天下無私藏天下何從有盜身之病由心知不開不知有理義悅心隨世習俗耽於奢侈日夜不休務求天下之淫聲冶色以悅耳目異香奇味以悅鼻口固結勢利以保之致之得失交患神為之摇精為之流精神越泄外邪乃侵其虛百病交作貿亂煩懑疑鬼疑神乃使俗巫治内庸醫治外終於無救而已一人如此人人尤而效之遂成天下之大勢大勢既成因不隨之去矣然而天命流行無往不復沉溺雖固有時忽動濃豔盈前有時厭倦人既無知一惟天地易曰先迷失道後順得常形體本地心意本天地惟堅執不化則迷地執迷天必破之破之至莫能破而地無自惟乃能順天之化得地之道而主得矣得主則有常能順則得主故曰後得主而有常含萬物而化光於此見玄門之道本易之坤道老子所見不能外此以自異而所謂長生不死之説固非異術實常道也世俗不知其故妄生異見由學其道者妄為異術以惑之也皆所謂迷而失道者也能得主以養之則氣不養而自養病

不卻而自卻矣且道此主如何養他惟有反世俗之習氣以養之此老子所以用嗇去奢也嗇之為用即易學易簡之簡乾以易知坤以簡能老子有見於地順天之道以為道者也惟簡能順故曰不敢為天下先能知後順乃能不敢先地能順天。則地無自性。順天性為性。人能見性於此。則眼對萬物。不見有生死成毀。乃能順萬物之變。不憂生。不惜死。不樂成。不惡毀。萬物不能變我之常道。我能化萬物為常光。而光含萬物。神與天地上下同流。止在目前一茶鍾上證據耳人而不能求道以開真見則觸處落偏終身為物所役隨勢漂流病至不可救而不自覺此老莊之所深悲極憫而著其言鳴其道以救之者也人能反

求自得即養氣却病一端可通老莊宗旨知老莊用處乃能得
簡御繁居常順變以通乾坤易簡知易知簡則可與之研悦極
數直造千山萬山絶頂落下平地覿面畸人舉个茶鍾相視而
笑始見前日之默然非無言而今日之一席䌛言不如默然之
為得也良久曰有疑請各置問
廸毅問如何得常道安身先生指几上筆云只要識得這枝筆
廸毅曰筆是易壞的先生曰壞的不是真筆

羊山磐莊先生語錄卷之十一

支學仇　安錄

學人洪嘉植校

康熙二十六年九月望日師至滁州來安應胡太學受益之請廣文先生朱莊伯來見暨其弟宜人以程培公爲介扵二十五日執贄問道

師曰今人讀書進學稱爲士子士固美稱當造其實庶不負此名不然徒盜竊虛聲而已士既讀書要思吾今讀書爲何事今人自幼即汩没扵世俗聞見才進塾即以富家不用買良田等語爲父兄師長所引誘薰習使之以此爲志習與性成直至長

成並未知離卻書本思辨其是與非竟以先入之言為主遂終身為流俗鄉人而不自覺良可悲也古人云離經辨志人生十四五歲至二十歲上下其知識漸開稍通經傳訓詁稍知今古人情世故必有所動須離卻書本自思自辨定得其中是非出乃見其智可望有志論語曰士志於道謂之士有別於衆人之稱也志於道乃可謂士則知不志於道不可謂士矣何謂道道即道路之道有大小遠近之別天下行得通古今不能變者謂之大道唯聖人之道為大聖人品地亦自有別有出於天之聖人有出於人之聖人有至聖有未至之聖若伯夷伊尹柳下惠亦可謂聖人皆有所未至者也惟至聖無所不至惟羲文周孔

當之義文皆出於天周公出于文王是出於人矣孔子亦出于天其心思皆能盡天地之變化以為人道之經綸至孔子又出三至聖之上所謂自生民以來未有夫子者也以其能本天立人成大學之道邪說不能竄竊後之學者可由以進也故至今赫然在人耳目前前聖皆得賴之以不墜也夫子曰吾十有五而志於學且道所學何事孟夫子曰欲貴者人之同心也人人有貴於己者弗思耳思則學學以求我所欲也人生莫不有欲莫不欲勝於人自古及今通盤打算撿擇一件勝盡天下古今人天下古今人都莫能勝之事然後立定脚頭必要學此一事乃謂之志志非智不立智非志不見能打算撿擇得到者智也

必欲學此者志也智以成仁仁以遂志先師云聖人之學仁智
而已仁本于自愛惟能自愛乃能不屑小就必要求第一等事
做第一等人惟能自愛乃能推生我之本而愛親尊祖乃能成
親成家以至達天知化堯舜如天德業莫不由此以成故曰人
皆可以為堯舜舜何人也予何人也有為者亦若是是所望於
有志者也故有志之士即是智者衆人心昏意浮無深思遠慮
不知所以為志但隨世習俗以求富貴利達不知世俗之富貴
利達皆罟穫陷阱為大勢所驅納莫之知避且窮日夜之力以
趨之是不智之甚者也安望有志學問之事要求自得為實據
據定目前事物上求自得於心乃為實學自得之學只有兩條

路天與地而已人生於天地之中身本于地心本于天為學之路亦自兩分從天入者知邊盡從地入者氣邊盡今日畸人在此應人求却病養氣之事是玄門中一路重在口訣相傳與學問無涉若能養得先天氣來徧體通暢亦為自得是自得於身也欲自得於心必要從學問中入易曰君子學以聚之問以辨之是在目前事物上辨進去的此孔孟之真血脈也孟夫子之後學問路絶無人説起至漢宋諸儒始知尊孔孟斥異端然皆溺于訓詁狃于臆説無一言可立全身隨雲霧中雖有語録千卷詩文盈篋總是雲霧中物徒驚眩聾瞽之耳目為二氏所騰踏而已亦何足道哉人生此世不陷于申韓即溺於佛老安之

若故並未有動心求學問以自立者，其心昏意亂，利災樂亡，自暴自棄，不可與言，不仁之甚者也。畸人遊走四方，雖或應人求却病之請，大意固在為道求人，即就却病一路，或可導之使知身病本於心病，身病雖却，心病不去，此身終屬危殆，無安靜之日，亦何益之有？倘信畸言，由此求入心學，此即天生有命之人，能入學問之門，此道有人矣，此畸人出山之本意也。忽忽三四十年，竟未遇一有命之人，此道絶續之關，在畸人呼吸之間，與言及此，有不勝浩歎者。今既有心贄見，即是向道之士，當從此志學，不可不知畸意之所在，故不覺叨叨至此，不得已也。

問孟子養氣與玄門養氣同乎。曰大不同。玄門是養一身之氣。

身為血肉之物數盡百年化為灰土有行于血肉之中而生血肉之氣者乃充乎太虛與人呼吸相接而有生此亘古今不變者呼吸與太虛斷即死故致虛以養之養之以合乎太虛乃長生不死之大旨也然玄門養氣又只是老氏之一半尚有性學一半在所謂從地入者是也知乎此則知氣之所以然而自得乎天之申命矣孟子養氣是養義氣是集義所生者氣本無二以氣養氣即小以義養氣即大小則充乎一體大則塞乎天地俗語曰理直氣壯此之謂也在行事上見人之行事有一不義對人即有慚色所謂無是餒也小人閒居為不善見君子而后厭然此厭然即是餒也聖人行一不義殺一不辜而得天下不

為者所以求自慊也行有不慊于心則餒矣不義之事斷不可行如可一即可二可三至無所不至無忌憚矣集義即聚事故曰必有事焉而勿正心事乃人物之交于交見中天下之事莫大于祭物亦莫備于祭備物聚事而義集矣義不集則不一止一之謂至善至善之謂一善一善見于集義義集而禮行矣禮行于宗廟朝廷充乎家國天下皆君子所養之充滿而浩然者也天地之間事物而已氣塞乎天地之間即我行乎事物之中也非物無知非知無言知我之言乃能知人之言知人之言則知天下之害在言不正言不正則事不成則知詖淫邪遁之生心害事也何謂詖辭不知理義在事物上反以事物為粗跡乃

從意見上懸擬測度狃成虛道理牽引湊泊扵聖賢經傳以傅會其臆說儼然淵深宏肆者是何謂淫辭厭棄虛理廣說縱耳目于事物聲色之場以据摭為才華以掇拾為博洽泛覽古今涉獵朝野踵事增華逐物矜飾極流艷溢彩以眩耀于世者是何謂邪辭凡事物有兩邊知兩則正不知兩則邪邪則處處落偏處處沾滯支離蕪蔓依草附木以掩襲籠罩為事而壟斷于世者是何謂遁辭處處落下處處不落下以浮逼逼為活潑潑自以為至玅至玄如有辨之者追其東則遁西追其西則遁東追到無遁有追到有遁無追到有無不得遁結頂追結頂遁空空則窮矣所謂遁辭知其所窮窮則窮扵上不能落到事物也

蔽則蔽于虛道理不能證實于事物也離則偏偏則邪也離事物偏道理離道理偏事物偏左離右偏右離左偏於上下内外亦然道也者不可須臾離也可離非道也離事物無理義離理義無事物者也今也盡世俗之伎倆以取名高厚利而自負爲豪傑者其言語文字不出詖淫邪遁以取蔽陷離窮適足以害事而已所謂生於其心者也若孟夫子則順事物之理義而不動心者也非知言孰能辨之天下之至奇至變化至利害者惟人之言唯能知盡變化利害乃能知言變化在天利害由人惟知言能通天人之際爲至奇乃能善養我浩然之氣以塞乎天地之間此孟夫子之自得而自任以承三聖者也

問先生之道是自悟而得者是有師承來者先生曰鄙性最鈍何能無師自悟開闢榛蕪倡明絶學實賴我先師在上若問先師之學又何所師承說到此處畸人尋常不敢輕易向人道恐徒為不知者謗議耳諸位雖未入學問之門天賦本性故在今日相對於此畸人不惜開口相為苟能聽得一句入心欣然領會即是上帝降生從此一點信起追求進去自知畸人學問之所從來可不必問起也然既問到此在今日有不能不說明者蓋有培公在此耳培公知畸人於四十年前其尊公叔老外舅皆先師及門然皆止於聽講未探極數恐亦未得深知師門學問堂奥亦當借此一席之言表白如箭在弦上有不得不發者

我先師為雲莊程子亦出于天之至聖直接羲文周孔諸位聽此言斷然不肯信的直須志學求入大易之門自得於心不待言而自信耳先師生新安萬山中幼不識字曾未沾世俗聞見至十四歲自知觸處起疑遇一物必要窮盡其根仰而見天之蒼蒼日月之運行星辰之布列俯而視山川之流峙動植之發生尾字旁而視人事之往來交錯何以生始何以究竟顯而天地人物微而心意知能為幽為明為死為生為鬼為神一一深思極究其所以然之故苦無問處不與人言不使人知默默自求於心又思目前人事商賈曰求富舉業曰求貴皆非真富貴心既輕之思習一藝以垂不朽又於藝中較量如張僧繇王羲

之李白杜甫蘇韓而已又從此而上漢之孔明唐之子儀垂功名於當世似已然而功名雖足動人猶未足被後世若夫己之所學能上達天地繼往開來如宋周程張朱似又非孔明子儀之所企及蓋小不如大大不如久明辨於心從長打算無如學道以上承先聖為第一事矣由是平居落落不喜與俗人為伍常往山林閑曠之地游衍觀玩每每直造山脊經行于獼猴之徑一日侵晨上山值一古松遂面之而思屹然不動至晡時如立化者一樵夫見而駭之馳告于其家謂被鬼魅所迷矣羣往覘之氣若不息者父兄輩批其頰而擁之以歸不許再入山林乃就閒庭虛館行思坐想寢食盡廢一日經行值廳柱遂面柱

而立目不轉睛以思久之覺柱上漆光中開眼見己面其精思常若出神者如此十七歲到吳門猶不甚識字不甚知目前世務見峩冠博帶者即疑其為有道之士肅然敬之時吳門之士爭師事孝介先生孝介先生為吾鄉鄉進士以文章氣節自樹一時名重士林先師即欲師之造其門孝介謂及門曰此兄乃志道之士非吾輩章句中人我不敢為之師也顧謂先師曰當今有一辨顯大師義虎也可往問之先師遂見辨顯與之朝夕問難顯異之曰我不能為居士師也觀居士議論辨難非深于易者不能知當今有一大善知識號漢月有言易之書與向來言易者不同或可當居士之問難是時先師尚未見易之為書

未知易是何事即去謁漢翁往來久之盡透其堂奧差別究與本疑未合蓋漢翁即以其禪說易非天地生生之易非四聖人之宗旨也蓋佛氏之無生與大易之生生如水火之不相侔者自是遂別漢翁偏訪闡易諸書所見有七十五家皆不出周邵外適足以亂易而已乃盡棄去獨以周邵之書縫綴内衣反復致思聞邵子有安樂窩舊跡在百泉伏羲墓在陳州因往訪焉留連不返多所會通始知周邵之學不過術家之理數遂擲去其書揭太皞庖羲氏之墓碑數紙而還此時已盡知天地生生之變化矣然後讀聖人之易閉關探索證知見于辭占象彖而為學之初志始無憾前乎此尚以為聖人之道一路傳到今日

必當從近人學上去致枉然費盡歲月精神至此始知孔孟之後無有一人不在雲霧中一墮其中雖竭盡心力欲稍窺見門墻影響不可得也再上萬峯與漢翁問答翁大驚異一日翁坐室中先師偶至顧謂先師曰濟上玄要從來無師自悟者止三人老漢是第四人今第五人在目前矣先師拂袖而出曰當今自有天翼不作禪門第五人他日又造萬峰謂漢翁曰萬峰禪道固獨出諸方矣若易則且置自有專家在翁不能聽遂絶萬峰往來吳門之士從此請出講學先師對賓客終日無一語若問難隨機應答無繁言至講學則口如懸河吐辭成經

吳門有一士姓徐名定字嗣渝先達彦揚公之蔭孫也自幼不

喜舉子業居常忽忽不樂仰屋浩歎謂當今之世無一事可為凡耳聞目見之事無一不拂我直心者可悲可恨不忍見聞閱秦漢以來史冊為之憤悶不平頓足撫心謂不特奸雄可恨即所謂忠臣義士真心疾邪黨正忘身及親究無濟於天下之事由是蒿目憂思不交當世欲以蔭生讓其弟志在專求古學討論三代經綸以待時致君為堯舜及撿閱漢宋以來諸儒講論益發忿急謂聖人之道豈如此臆說可承當得去者竟自居之不疑可恥甚也由是窮年累月惟有仰屋浩嘆無他嗜好其尊人憂之欲訪一高明之士可服其心者為之師聞俞先生善屬文不妄交與閉戶讀書有古君子之風遂延為西席朝夕一堂

師資意見略同相得無間是皆先能辨得上下古今是非清楚而志在尋師求道者也是時先師正講學於吳門西郊西郊之士有陸履常章拙生兩公皆先師舊交也即以其讀書屋為先師燕居相對講論意在領略新奇以資試牘耳無意通志學之友開講學之門也久之聞者漸至屨滿户外遂有往告于徐氏者曰閶門外有一徽州朋友講學者日盛兄輩高明好學何不往彼一聽俞徐皆目笑之越數日復有如前之告者至徐子問之曰所講者何學其人不知也遽曰似講王羅之學俞徐皆哂之曰王羅之學何用更講其人慚而退居無幾何又有告者曰西郊講學兄輩必聞之矣皆言講得好竟不屑往聽之耶抑亦

可試一聽之也徐子乃往是日先師講仁者人也親親為大徐子聽之魂消意奪頓釋從前疑滯如雲霧散盡復覩天日即深信先師為直接孔孟一人即執贄請為弟子以承當斯道為己任擇期齋戒迎先師以歸劃宅内園亭為講堂號召士林宿望同堂共證就其中朝夕左右者連為同井八家擬教學規冠匏立先聖之位定釋采之儀每月以五十金備先師私家薪水立一人司其事公費無有限量開講大學聽者常數百人蓋孔孟之道必欲得君以行於上者孔孟不得君不能救秦漢以來兼并之慘禍而道遂絶於天下乃有曰仙曰佛者出以權法立師位於世外以國王大臣為護法以得人傳法為大事大勢至此

無法可說其所說法皆對治申韓之法者世儒不知古今大變責其遺棄君臣父子是皆落於佛氏之不了義中者也先師初講學時亦欲信友獲上以復三代禮樂以講學爲通志之務耳是時及門之士有將㕑簡命者有特命内召者有出撫外任者常往來會議於易池學舍約定年月將交章特薦先師於上且欲面當宁以賓師禮相接以爲不如是不足與有爲也正欲舉行而流寇大亂破山西撫院蔡公死焉蔡公素與講席率其長子涵之從學師門亦平日會議中人也世事一變師門之在仕籍者皆齎志以没不復可問矣覇革以後至友凋落先師遂困事機已失更無可通之路乃欲髡首絶私以傳聖學於世外與

吴門老友數人棲遲山谷起研悦會觀象極數畸人最後至年最小資禀最鈍獨幸自幼有志於道猶憶六歲發蒙讀二南口授四句至百遍不能成誦八歲讀四書過目即思解其義讀明乎郊社之禮禘嘗之義治國其如示諸掌乃致思云若如此説則是天地間至大之事無過於宗廟禘嘗之禮義矣豈能輕易明白據註内輕輕點過去竟倚之以為明白則今之讀註者皆能治國如示諸掌耶從此不肯讀註至十四五歲遂知搜尋諸儒之語錄著述徧閲之冀或另有發明處終無一言及此既不言及是不知也此而不知其他從何處説起由是視世上文章事業一槩虚假心竊鄙之乃慨然嘆曰聖人之道已絶矣無門

可求入矣我豈屑為流俗虛假之事乎時流寇凶荒流離載道身歷艱苦患難瀕死者數十八歲餬口于訓蒙志在讀五經謂捨此非聖人之書不足讀也一日偶見禪宗語錄大疑不解意其中必有要旨非尋常人可測遂與緇流往來得閱其教乘宗鏡頗識其門庭施設參請耆宿由是見知於門外目我為好道者二十三歲寓紫藤塢與陳白翁為鄰一日持雲莊先生與金太史論孝書見示曰是教人學聖人之道者急篝燈閱之見書中論申韓仙佛之言發前人所未發為之喫驚云論仙佛如此若非具透過佛見之大智即是能與佛為難之大魔佛亦無如之何者聞此翁曾往來萬峰甚久彼中人有知之者私自討云

若問彼中人果是知佛道者我必歸之矣若不知佛者我即一意學佛去無他路也止有棉被一條賣之托一老衲號破石者設小食求剖石和尚開示蓋欲借此發端耳領其示語訖盤桓竟日臨别因問曰聞有一雲莊先生曾依先萬峰有年此人亦知佛道否剖云是昔年程道幾也彼固知之後不信也佛法如大海水隨人量滿彼量止此耳畸聞此言私喜曰是和尚門庭之言也既已知之豈有不信者哉必透過佛見無疑矣是時師門有黒公袁先生在二十里内往求爲紹介贄見先師於石波學舍截斷顧瞻得與研悦有一點自得之明久久漸有會通不忍自棄歷盡艱苦以守至今日亦因先師易簀時有遺命守待

故也今已齒迫桑榆矣應請四方無過求靜息却病每每向無開口處開口止欲通有志之士接續孔孟真血脈統仙佛以立人延教學於不墜耳果有其人於此發志一肩任去畸即長往深山偃仰於白雲芳草間飯疏食以没齒而已亦復何言

羊山磐莊先生語錄卷之十二

學人吳　荃錄

門人黃　時校

康熙二十六年冬十一月二十三日先生應揚州志學諸友生之請主門人荃家十二月初九日迎師至興教寺青蓮閣設先聖位啟期看蓍法定序以禮餽至者為蔣前民易盧蟄庵甡方弘度一燧程飛濤澎吳劍宜荃汪于鼎洪度文冶洋度方東玉琪吳扶輪暹吳次卣念紱姚汲仁藹相與朝夕參請期畢求示學易大意序立聖位前再拜請師就坐

先生顧左右曰諸位相聚在此看蓍法葢有意于學易也有意

學易以道在易也請問人欲學道為何事逐位如此問所答各有不同皆不錄問畢乃言曰道無今古時有否泰應機利用通志守待此畸人大意也當此祁寒雨雪之中人事匆忙之際諸位假館蕭寺留畸人作數日之聚孟夫子曰壯者以暇日修其孝悌忠信則知無暇日非壯者皆不能修况欲竭心思以求道而可匆忙急遽為之然畸人不惜在此振策分揲直示當前捷有能觸目會意即是一粒種子下土不愁萌蘖不生蓍法有定序十目要知掛一歸奇是一始一終其參伍至二篇之策是從掛一到歸奇中間途路上事先師本先聖大衍之數一章節取以立此十目為學易者之路程圖耳世俗之人終日殉名殉利

隨行逐隊隨入陷阱至死不覺脫有一人忽思遠遊廣覽尋一休息安樂之所而動足茫然不知南北多有錯走落偏者或到小歇脚處而止者或值歧路而徬徨不進者故先立此著法定序為路程圖既見程圖然後逐步行去步步有據直至行盡天下道路一一親知灼見皆是我廣居安宅中出入往來與人共由之故道有不勝慶快者此是以後看數之事也今人思學易以明道是求安身立命之所在也身必安于家心必安于天學而不能知天則命不立家有不成則身不安身安于家矣家必安于土土則統于王者王者奉天以治平天下必有王者之學故古之王者必有師大易之學王師之學也師以承道統王以

繼世統欲親親必先尊賢乃見人道之易人道本于天道學易者以知天為入門不知天則不能本天立人以達上上無知天之士處賓師之位則君位孤危下無知天之士立于中田則農心離畔安農惟士格君惟大人非學易必不足以為士成大人大人有二有在天之大人有在田之大人乾之九二曰見龍在田利見大人是利見九五之大人也九五曰飛龍在天利見大人是利見九二之大人也此易道大明于世而成三代盛德者然也道是易之名易是道之實惟學易乃能證道之實實在形色上證孟夫子曰形色天性也惟聖人然後可以踐形縱目皆有形之物隨取一物追究其始終直至天地元始三合分交變

化以極至賾至動謂之道所謂形而上者也應制無方隨事利用於世謂之器所謂形而下者也易為辨物之學惟辨物為徹上徹下之事物有名實名本天之統地實本地之順天循名求實有形質聲色臭味六者只舉形色舉其可見者以該之又只舉形以兼色色附形有往來可目寓不可手執惟形可執乃可踐此孟夫子自露其學問之從辨物來也惟聖人然後可以踐形一語又為千古辨道之實據不能踐形即非聖人之道試看形質聲色臭味六者可分為六否可合為一否分之不可分合之不可合而象見象見而變化見變化者天性成之變化也天性即天命之性性命自天天人乃易惟學易能順性命之理惟

踐形乃能詣易學之實，領易簡之要，極天下之至賾至動，只消從一物上辨進去，一物既清，萬物莫不皆然，自見天下之理得而成位乎天地之中，知周乎萬物而道濟天下，皆我天性中事也。大傳曰：易與天地準，故能彌綸天地之道。天下之道，其尚有精深微妙出于易之外，後世可別立門户以自異者乎？孔孟以後，易學不明，名實無當，理義盡廢，遂成兼并之世。世至兼并，以強凌弱，以衆暴寡，以術欺愚，以詭行私，人如鳥獸，生生道息，為大勢所逼，變而為仙為佛，以大權示現，立教世外，世俗之人、章句之儒，又豈得而窺測之也哉？人情莫不樂生惡死，至于困苦之極，有求死不得者矣。詩云：隰有萇楚，猗那其枝，夭之沃沃，樂子之無知無知即無生使天下之人以無生為樂則誰使之然哉由此觀之佛氏之道葢已先見于此時矣然佛氏救人于惡世之中逞盡神通止成對治之法正眼觀之亦何利益之有葢利以養生為本不得生生即轉利為害利字之文从禾从刀以刀刈禾此為天地生生之真利故惟農為生利之民利為養生之本人皆知之至義為利之本則有所不知人之生也非徒食粟而已其親疎交錯俯仰周旋而有是非之乖謬好惡之偏黨無士以統之必有爭鬭之患小則爭鬭大則作亂雖有粟我得而食諸惟士能主義以教其農農出利以養其士教養相需道食相資乃得生生士字之文从一从十一者仁之始十者義之

終即天一至地十之數此天地生生變化之數知此數乃能精義欲知此數先須知天人生本天死必歸天學不到知天人心不死天不可見因地以見思知天又須先知地天非目前蒼霄之天地非脚下黄土之地天有天之所以為天者在地有地之所以為地者在天之所以為天即易之乾元地之所以為地即易之坤元乾坤為易之門乾之元坤之元是門前之來路不知乾坤來路必無由以知乾坤不知乾坤是何物則入易學無門矣易者天地人三易也三者可同而一則不易可異而三亦不易惟異而一一而異乃象三而成易追易之元有二無三三者二之交二未交是二二既交象三三乃天地人並立之象天有

天性地有地性人有人性知天性知地性而不知人性則無以別于禽獸知易則知人性惟人統乾坤以為性知乎此乃知獨立為人乃能別于禽獸仙見性長生佛見性無生皆非人性惟生生為人性何以見無生之性天絶地則無生絶地則無地無地并無天何以見長生之性地順天則長生順天則地化地化并天亦化天地皆無則入空天地皆化則入虛空則一塵不受虛則無物不容一塵不受本二元之分也無物不容本二元之交也本分本交皆不知大本在易也本分則以交為害而利分本交則以分為害而利交利與害不能通則利此必害彼害彼必不利此有利即有侵奪之害無利即有飢寒之害利害在世

非美事也美則彼此無害無害即無不利無不利之謂美利惟乾始能以美利利天下惟知乾始乃得美利美則大大則不言所利猶堯舜在上使斯民含哺鼓腹而歌有不知帝力者矣非堯舜在上則斯民不能遂其生生之性生生之謂易易乃二分一交之變化止知二分而不知一交則為偏分止知一交而不知交之變化則為偏交偏分破變化偏交無變化不知變化必不知羲皇爻畫之所以然不求知爻畫之所以然而欲見聖人之易是閉目而視無足而行也大傳曰易者象也象也者像也在天成象在地成形象不可見因形以見像也者象圖也上古聖人仰觀俯察近取諸身遠取諸物原始要終極數定象明見

于心思示于外乃圖之為像此羲皇之爻畫也孔孟以後無人說起二千年來竟不知天地為何物何況其中之變化舉目茫然其又何所見以傳註聖人載道之文辭而言之者鑿鑿聽之者諄諄耶世儒以天地未分為一氣渾沌渾沌既分輕清為天重濁為地指目前蒼霄之天黄土之地竟不追到渾沌之一氣何自而始若曰氣前只有一理豈理可生氣耶全不思理不可虚說要還他着實如天有天理地有地理物有物理事有事理則可使人追究進去今言氣前一理此理着落何處使人從何處用心既無用心處不由不墮雲霧根本上既已雲霧則枝葉雲霧可知自無往不受其障蔽目前一片漆黑永不見天日之

光不如仙佛之確有無生長生之見處也目前蒼霄黄土天中有地地中有天是元始既交之後上下升降之天地元始之天地天中無地地中無天是天地未交以前右左並立之天地不見並立之天地必不能見天地之心不見天地之心必不足以見易惟易盡天地變化之道即是盡心知性以知天之道古之聖人必學易以見道不明易學不足為聖人易學既明按之于天道以治曆授時按之于地道以畫井封建按之于人道以班爵制禄天子以之統天下郊上帝諸侯以之統一國主社稷大夫以之收族主五祀士以之守身事父兄然後農得以安于畎畝工得以安于市肆商賈得安于貿遷化居而斯世斯民咸得

爻易生生乃能安身立命于天地之中凡天地中之事物羲皇之卦爻也大而海岳小而一絲半菽皆物也皆萬有一千五百二十策之數所成者萬有一千五百二十皆一奇之變化非奇不偶非偶無奇一奇一偶是為羲皇之一畫一即三三即一卷之則一掛之則三卦者掛起來看他如卷軸之有舒也三畫謂之卦六爻謂之彖六十四彖謂之易卦成于十有八變易成于四營收之止二篇始于分二終于二篇有掛于二之一以象三者即是歸于偶之奇中間有參有伍一路變來曰一曰三曰參曰伍曰奇皆隨變而現之數與極數內天一地天三地四不同草草數日只好略見路圖上影子到後日看極數乃是親履其

境徹見印心之事也羲皇之易惟有卦爻且無象之名至文周始有書故謂之周易乾坤屯蒙至既未濟是象之名六爻是象之變元亨利貞是係象之辭文王之易也係爻之辭周公之易也孔子之易有象傳有別象有爻傳有文言有大傳序卦傳雜卦傳古本皆各自為類不相間錯今本乃王輔嗣章句其前列諸圖皆出于方士之謬妄假托聖人河出圖洛出書二語揑造僞圖以行其賺人利己之私後大傳中廣八卦一章亦僞惟成列八卦一圖可取舉世仍僞襲謬已久不可與辨亦不用辨倘有真志學易者出自知向目前尋路踐實開眼則于向來之謬妄如霜雪之見烈日一旦消盡矣果有真志學易之士須先辨

清學問路頭路頭不清必不能入道辨清路頭方好動足行去一毫辨不清即是一毫障蔽眼中有眚反成見病誤己誤人為害不小不是戲事要知道學是一路舉業是一路舉業是朝廷功令遵朱註做八股成進士以取世俗之功名富貴者倘制科有更于上又别趨一路矣全與道德性命無涉學道是欲盡性命之理務在放過傳註向事物上起疑追究其始終本末深造自得躬行實踐與古人相見于易象光中親沐賡歌揖讓之風于二千年之後為太古擊壤之民山林遯世之士不沾一絲聲色不倚一毫名位以道易食以易通志窮則抱石耆鐺獨善其身達則得君輔國兼善天下不以世俗之成敗為成敗者世俗

之事有成即有敗有成有敗之事不謂之真成真成之事一成不敗如日月之成于天山川之成于地孔孟之成于人易道之成于事物亘古今不變與天地同流充學者求安身立命之意未有不至此而肯放下者然此只是為己邊事更有為人一半在不能為人即是為己未竟還放得下否此是天命之易有要命者亟亟出來擔當學去擔當學得去乃不虛看此著法諸位連日皆草草看過還見個什麼且道所分所揲所掛所扐是何物分之揲之掛之扐之又是何物還看得出麼莫以著看著麼乃取著振几三下舉起云須向此證據復舉著顧左右云是甚麼隨以著入瓶云韋編三絕無從識只此瓶中五十著起座復

序立

聖位前再拜而退

羊山磐莊先生語錄卷之十三

弟子沈　倬録

門人孫弓和校

答問

汪文學元生問曰聞先生緒論廣博精微着着有實據某也半世困於場屋一生溺於訓詁日暮途窮不知何以歸宿承先生不棄而教之雖未能聽受覺得與從來以道學名家者確然不同從來性理諸書信之以為吾道在是每思於此究竟一番往往開卷生倦頗覺無味悶甚今聞先生之教恍若有會私心向往願受業於門下不識從何處學起

先生曰從疑處學起

問曰天地間可疑者甚多即如草木一類有有花者有無花者花有單葉者有千葉者有一種花而色不同者有各種而色無大異者有有實者有無實者實有可食者有不可食者有一種實而色味不同者有種或異而形色畧同者豈能一一盡知其故到釋然不疑之地乎

先生曰語曰博學而篤志切問而近思仁在其中矣草木之心曰仁人心曰仁仁也者天地生生之真種子也吾人與萬物同生天地間同有此仁而人獨靈於萬物其故安在於此不能明知其故則隨物變遷無以自立枉此天命之仁故學者必于此

焉力學乃為切己大事今日相聚於此不問身心上事而先及草木豈非不切之問若能從草木上起疑究極根底直通天地通天地即通萬物之所同矣再從天地研究生生之道則一以貫之亦無有切與不切之分矣天地生物無之非疑但能從一物上追到根底看是何面目何緣故必要得个釋然慶快則群疑自一一破除無難也若不知追到根底便欲從目前現成之物逐件稽察如張華之博物鄭樵之考古物類無窮人生有限雖窮年易世知不能盡縱知得盡不過是由知之博學非博學以知知之事也非博學以知知則與身心無涉無涉身心之博皆枝葉上事枝葉日繁根本日撥士習日浮非徒無益而反害

之以其徒博而不能反約，必致狂妄顛蹶不可救藥也。人與萬物莫不根底於天地之初交，交本于不交，從不交以見真天真地之性。天不受地，地不離天，乃成左右並立；既已並立，右天左地，中無自體；左右惟體，左右無體，惟中是體，是為仁體。君子體仁，能極天地之變化而知長人合禮利物幹事，則天下之道舉其中矣，又何一物之可疑也哉！

天地之交，天地之文也。真天無文，真地無文，惟天地交而有文。文即交之實，交即文之故也。顏子曰：夫子循循善誘，博我以文，約我以禮。夫子曰：文王既沒，文不在玆乎！斯文也，豈世俗語言文字之謂哉？語言文字所以載斯文之器也。人與萬物莫不根底於天地之初交則是莫不根底於斯文也文實天地之心生天地之初交天地之心也心生而言立言立而文明文何以明以語言文字明之也惟人能言惟言能别萬物惟别萬物之謂明萬物皆相見之謂明萬物非人不明則文明在人而萬物皆備於人矣顧我曰人則萬物皆備於我矣疑則不明明則不疑惟斯文統萬物之終始故惟斯文為至博惟博斯文為大明博之至為博厚明之大為高明志此為篤志問此為切問思此為近思惟心為切惟身為近惟切近而博厚高明舉其中而有禮以約之人與天地參矣

天地之初并天地不可得見真天惟空真地惟塵空不可見不

可名今無可奈何名曰真空以通講論一路耳要知講論一路止可通之於人道若天道則有參究一路非言語可到易曰言不盡意聖人立象以盡意故天道只有象數求入天道只有觀象極數

不但真空不可見即真塵亦難著目天地間最微細之物如疥蟲如藕絲皆是已成之物即與山嶽河海爲對偶同具天地之象數無欠無餘由此而微未成形之塵爲天所破碎碎碎無自性其微何似即心思至細者亦難著想如一疥蟲之形已不易著目矣尚且有頭足諸體之分分分其一體已有無數微塵團結而成其能團結處皆天也於此可微爲天所破之真塵其微何

如矣天地生物有形有象成象在天成形在地天地間之物到得成了形乃明白可見若物之象如何見物根於幽不能見象不足以知幽幽處不知則明處莫非大疑幽處可見則明處自釋然矣天地只有一个生生不已生風雷生水火生山澤生草木生鳥獸生男女天地之性至山澤而軀幹成至男女而精神出精神既出天地之事盡付於人矣生人之後只有氣土之天地為老幹虛殼不變動之物矣而變動之物不過隨山澤寒暑之氣以長養生息不能自主惟人能自主惟人心能變化不測直通天地之根底斯文之性命而保合太和以成天地之仁而天下文明也

山澤之氣上發為草木下結為金銅凡山之下有金銅者其顛必無草木只有這點東西上發不能下結下結不復上發且凝結與發揚堅重與輕柔性自相反不能並生也若鳥獸之生則得草木之氣者居多故鳥栖于木獸窟于草鳥羽似葉獸毛類草無草木即無鳥獸草木茂盛鳥獸乃繁殖也惟人之生不沾山澤草木鳥獸之氣乃天地三合之元精流傳厥性生生乃能體天地之仁知天地之文成天地之能以首出庶物也

盈天地之間皆物也舉目皆形也形之所以成象成之也形則在目象在何物象不可見因形以見形有生死象無成壞試以一物辨之適座隔一菓盒在令從者拈一粒瓜子置几上曰如

此一粒瓜子有殼有仁殼如天地不變動的仁是天地中間之心是變動不止的殼雖不變動却去他不得去之中心即死如種此瓜子於地便有由蘖之生若去殼而種仁即不生矣此仁乃兩片合成的由蘖之生却從兩片尖上生出而却與兩片無涉兩片之尖兩片之交也拆開其交止是兩片其所以生者何在由蘖之生却正在此由蘖入土成根而兩片好好在上面不曾變動其中復生一萌向上開葉尋視兩片依然在旁若拆開兩片種之即不生矣生非兩片也非兩片不生惟此兩片乃形之可見者也其所以生者兩片之交象之不可見者也而生葉分枝開花結實皆在於此可以見象之成形矣

草木之為物花之艷者多不實實之多者花不麗花實俱繁盛者木不壽花實俱微細者樹乃久可扦插者本柔難長大者質堅不花不實者其幹其材可充梁棟有花有實者其身必蛀不中斧斤鳥獸之為物角者無牙介者無掌蹄者必角性柔而前跪介者必牙性剛而後蹲兩翼者無四足四足者無兩翼畜鷇自食彙雛母哺尾長者頸短修頸者縮尾連趾者短脛長脛者趾疎山栖者朝嘲水宿者夜咻一如風之吹雷之奮火之炎水之流山之峙澤之深峙者不能深深者不能跱炎者不能流流者不能炎奮者不能吹吹者不能奮各偏一能各擅一長又如男女之習氣各偏常人之知見各執皆各自為偶各不相通却

各自有合地之成形如此千態萬狀要知惟一奇之變化一象之統攝而已象也奇也不出吾心之意知也意者仁之端知者心之光也光者明之實也人而不學不能以此光自照則一舉一動無不落偏喜怒哀樂皆不能中節天命之性性具之德皆不能全如能忠不能孝能孝不能忠能孝弟不能忠信能忠信不能孝弟極其天分之美質地之善只成得个一節一行之人而止無與於斯文不足以成仁人也故學者志於博學當志於仁志於仁當從目前一物上究入乃拈起瓜子云是甚麽四座默然不對師曰一堂死人遂起座天行汪子悚然面赤再拜稽首

洪學憲琮問曰：玄門家要成純陽是乾道，何故先生言玄門是坤道？

先生曰：要成純陽是方術家言也。方術家言男子初本純陽，女子初本純陰，及情竇開而有合，則乾中虛為離，坤中實為坎矣。言有取坎填離之法，可使復還純陽初體。此方術家言也。靜息一門無此等幻說。人能留心真學問，務求身心上有真得，自能辨之。未見真金，無從識藥汞也。以玄門為坤道者，乃能透過老莊性學，復證之於大易，而後知之者也。

學憲問：古人之生，有履巨人跡而生者，有吞鳥卵而生者，何故？先生曰：此說何據？答曰：經有明文。先生曰：皆出自訓詁者之傳譌襲謬也曰帝謂上帝也帝武猶言帝則即天之常道為生民之準則者也履帝武猶言履道也學憲若弗聞也者一日又問乃復告之曰本文云履帝武如何以巨人訓帝耶本文云天命玄鳥降而生商何故言吞鳥卵耶並無實據若據本文固自明白古之聖人立言垂世動輒稱天稱上帝蓋人道本於天命帝命也天者帝之右帝者天之心也如曰帝命式於九圍帝命文王天命有德假哉天命不可彈述何獨於帝武而有疑義耶帝武云者上帝之步武猶言天步即帝則天則也易曰乾元用九乃見天則此非神明天道之聖人莫能見也大雅云不識不知順帝之則非聖人在上以道化天下不能使斯民得遂其真性

如此也古之王者本天道以治人追始祖以配天祀上帝而有郊社之禮禘嘗之義為百王之典常是謂王者之跡後王承之為前王踵武以祖配帝祖武即帝武矣履帝武猶言繩祖武也合而言之曰天曰帝無二義曰則曰武曰跡豈有二義耶皆言天之常道上帝祖宗之常經為後人所踐履以成德者也履帝武敏歆者言姜嫄能履踐天道惟敏故鬼神歆其德而使之有後以開王業也天命玄鳥者古人於玄鳥降時成昏禮猶以桃之夭夭見之子于歸耳天地既生萬物之後各有種類生生各不相通即一草一木之微不能無種而生亦不能種李生桃蓋先成象于天地未生物以前而後化氣成形流形有品不可亂

也為此不經之説以誣後世者皆出於嬴秦焚阬之後二氏之説盛行世儒之淺識寡聞者見二氏弟子誇仙佛降生之異自慚吾人道之平常乃為此妄誕之説思欲敵之以自托耳豈知仙佛本無異通其説法之旨則知其有固然也唯不能通其旨乃以為異耳倘識其宗旨實亦可用以言上帝之降人祖之生但詩與禮相表裏為人道之經不可用此等言入其中唯二氏説法乃純用此以顯其權實立其教于濁世世儒乃尤而效之訓詁家莫能辨而收其謬説以為傳註生其後者又以先入之言為主遂不復疑而據以為實竟不思本文原未見也以不能解古人之語義遂為謬説所混耳此唯學通大易畫前象數徹

見幽明死生鬼神之故之說之情狀者乃能知之正之然此似亦無害于人心可以不辨但在風雅頌中不宜混入此等言混而不辨却與人道有妨使世俗之人信以為人鬼可交人烏可合則人道亂矣

學憲一日縱談平生所歷患難因及鼎革之際走亂於閩中山谷幾無生理野人引過仙石橋得免先生曰莫謂今日太平無事也以筯架碗上曰仙石橋在此如何過去

學憲患耳重先生曰勿以為患當以為福欲治之使聰先生曰聰不在耳治耳塞聰

學憲問食物宜忌先生曰砒霜有制可以却病粱肉無節亦能

害身宜忌何常由吾自審

學憲言廣東有草名斷腸其臭如蘭人有聞之者即死人死其腸出于穀道之外先生曰豈獨廣中有此徧地皆是也凡有聲臭者切莫聞之見得無聲無臭之物乃免横死不然豈特斷腸而已哉

學憲問曰何以謂之玄牝也先生曰我則謂之黄牡問如何是谷神先生曰不死之神是如何是不死之神先生曰欲知不死的須先知要死的問如何是要死的先生曰你問我答問如何是不死的先生曰你死後來問我

羊山磐莊先生語錄卷之十四

弟子沈　偉錄

學者孫弓和校

答問

客問曰邵康節曰天何依依乎地地何附附乎天天地何所依附曰自相依附此猶小兒答獐鹿之說也一時以爲標榜而互讚之至朱子遂云天外更須有軀殼甚厚所以固其氣也既自撰爲此說他日因而實之曰北海只挨着天殼邊過似曾親見天殼來論天文家若宣夜周髀渾天之書甘石洛下閎之流皆未嘗言非不言也實所不知也若宋儒之言亦何所據元人趙

緣督始稍正其誕，而俗儒已交口議之矣。天下皆成一勢，而無是非也。如此如之何？先生曰：有真學者出，然後能辨之耳。宋儒有志於道無路可入，乃為此臆說；趙緣督欲正人之謬，而於己亦無實見實據，能免人交口議之乎？果論得透徹，自有明眼人心肯。明眼人在上位，即能轉習俗之勢矣。

問曰：魚在水中不見水，人在氣中不見氣，惟於屋漏日光之中始見微塵茫茫無定，雖密室靜境若有驅之者，此是何故？先生曰：此有大故。請看天地間有一物不化為微塵否？萬物盡化微塵，微塵還化得盡否？問曰：動物本諸天，所以頭順天而呼吸以氣；植物本諸地，所以根順地而升降以津。故動物取氣於天而乘載以地植物取精於地而生養於天素問云出入廢則神機化滅升降息則氣立孤危無不出入無不升降器有大小數有遠近皆天地之生性也人與萬物亦何以異先生曰惟得生生之性者謂之人惟人獨靈於萬物

問曰夔一足馬四足蜘蛛六足螃蟹八足蝍蛆四十足蚿百足帶無足皆未有兩足如人者也可見人之異於萬物矣先生曰人之異於萬物不在形體上見人曰術家以十二肖配十二辰各有不足之形鼠無牙牛無齒虎無脾兔無脣龍無耳蛇無足馬無膽羊無神猴無臀雞無腎犬無腹猪無筋先生曰凡庶物皆有不足之形所以制於人也豈特此十二物為然不足制於

人有餘亦制於人有餘不足皆偏而不中者也

問曰人心思火則熱思水則寒怒則髮竪怒甚則麻𦜕驚則汗滴恐懼則肉顫心跳愧則面赤悲則淚流言酸則垂涎言臭則吐唾見喜則笑遇哀則哭日有所見夜形之夢日有所思夜發譫語夢交則精泄拂意則發狂皆靈君爲之主也如何爲靈君

先生曰如何爲靈君

問曰邵康節云魚水族也蟲風族也故蟲皆由風化尋常榛栗之類外殼完固而蟲已長於腹中豈是外物遺種當由風化使然是否先生曰蟲生於物有物必有蟲榛栗中之蟲即榛栗之精神化生也風鼓萬物者也豈專化蟲耶

問素問樞式曰根於内者命曰神機神去則機息根於外者命曰氣立氣止則化絶故植物去皮則死氣在外也動物傷内則死神在中也其有見者乎先生曰此亦道其易見者爾能知神氣之所以然乃為真有見

問曰王符稱世俗畫龍者有三停九似之説謂自首至膊膊至腰腰至尾皆相停也九似者角似鹿頭似駝眼似鬼項似蛇腹似蜃鱗似魚爪似鷹掌似虎耳似牛然龍之見皆為雷雨雲霧擁護無從見其全體也何所據而云然耶先生曰龍若可見不謂之龍矣古聖人取以象人之知人之知因物而見無物則無知知知則知龍知龍則知知

問曰琥珀不能吸腐芥丹砂不能入燋金磁石不能取𫔮鐵是知萬物以元氣相感應氣散則不應矣元氣不能發陶爐以陶爐無生氣也何堪輿家言死骨可受生氣先生曰據此言青囊之術可破矣

或問海錯生於鹹鹵中而味淡及人獲之醃以鹽其味乃鹹何故答曰生則氣行於内外味不入死則氣消於内外味始入耳海水雖鹹海面結冰却淡可見沉下乃鹹浮上者淡淡乃氣之清和者也不和即偏極偏即是死氣

或問曰陳希夷詩云倏爾火輪煎地脈愕然神瀵湧山椒神瀵出列子臭過椒蘭味過醪醴究為何物先生曰凡有椒蘭之臭

醪醴之味者皆成於時雨時雨不降萬物焦枯臭味不成則知神漢者即參同契所謂山澤氣相蒸興雲而為雨者也

問曰凡香品皆産自南方故沈水柟檀薰陸之類多出嶺南海表生氣之性自下而上自北而南耶先生曰真香生於天天無南北

問曰象之為物體具百獸肉惟鼻是其本肉以為炙肥脆甘美呂氏春秋曰肉之美者有髦象之約焉象鼻謂之約何也先生曰古人取象以示天地變化固在於鼻謂之曰約甚可思也人能學易見真象自知之

問曰邵子曰形統於首神統於目氣統於脣然乎先生曰神統

於口氣統於鼻精統於目

問曰重朿為棗竝朿為棘埤雅曰大者棗小者棘棘蓋今酸棗之類而棗樹之短者亦蔓延針刺鉤人其與荆棘又何別唯修而長之接以佳種遂見珍於天下然則物須待人培養而後善耶先生曰若夫豪傑之士百折百磨歲寒不凋

問曰虎大寒日始交又云交以月暈七月而生性至猛烈雖遭逐猶復徘徊顧步其傷重者輒咆哮作聲而去聽其聲之多少以知去之遠近卒嗚一聲為一里靠巖坐死亦倚木終不僵仆其搏物三躍不中則捨之何若是之强耶先生曰此虎之偏習也深山獵户熟知其技則徒手搏之矣何強之有變化如龍人

豈能測之哉強者如之

問曰蚺蛇膽餌之能瘘陽其蛇絶大以呑鹿為恒南越人遇之或呼紅娘子可徒手取之或以婦人褻衣投之則伏不動聽人牽紲屠剝然則婦人之毒更甚於此蛇耶先生曰無知則毒知透毒消

問曰虎豹無事行步若将不勝其軀鷹在衆鳥間若睡大姦大惡之人外貌若馴良其皆有深機以制物者耶先生曰有機制物物即制之矣

問曰天下之道大矣先生以易為宗豈天下之道皆可棄耶先生曰天下之道宗于易客曰某雖未深於道但徧閲載籍及耳

目所接凡一術一藝莫不各有一道大之如西有蓮土東有蓬萊得其道者皆能隱現莫測似非尋常可造若夫易某固經生也童而習之不過言陰陽而已以此爲宗豈謂天下之道不出陰陽乎曰何謂陰陽曰二氣之理也陽奇陰偶理數之説周邵極言之於前矣後此者寧有過焉曰若此今之士子固習之熟何待畸人開口人前勸人學易也哉曰然則先生過於周邵耶先生曰易爲周邵之作乎抑羲文周孔之作乎學易者當從羲文周孔學乎抑從周邵學乎子固自幼習周邵者也即今相對於此請一舉出周邵安身何在客無以應先生曰學問之道貴在得用安身子何不思熟習周邵之説於自己分内有何用人

之所切者莫若身與心身心不得其養則不能遂其生養身必以飲食養心必以理義飲食不潔則身病理義不精則心邪學易爲精義邊事易曰精義入神以致用也不得其門而入縱窮高極玅隱現莫測終歸無用終落偏邪遺害不小子試平心思之周邵在當日能開口爲人如孔孟否今之學易者用心行事能如古人否曰不能曰旣不能則所學之易非古人之易明矣養身者必以飲食古今不變故人之耳目口鼻古今亦不變也而今有不如古者豈非以其用心行事歟用心行事異於古人則知其養心者異於古人矣養身者不異於古身之形體亦不異於古養心者不異於古心之知見亦不異於古今之易書具

在列之學宮人皆習之何為徼其用心行事與古人大謬不然也則知易書雖存易道無傳周邵之徒自為周邵之說傅會於易適足以亂易生其後者信其為學易之人沿習其說粗疎承接相蒙至今不復求之於古不知精義之學遂與古人千里萬里大謬不然耳所以稍有心思者求之無當於心即抛棄不學不如蓬萊蓬萊確有究竟之旨遂去而不返豈知古人之易不如是乎豈知後世之道極盡神力隱現莫測無不為易之所冐者乎夫易冐天下之道者也孔子之所假年發憤終身學之不厭者也使天下之道尚有神妙不測非易所能冐則亦不足謂之冐道矣不足當孔子假年發憤學之矣以孔子之聖尚思假

年以學其重視夫易為何如而子自謂習而知之豈智過孔子哉周邵之說害之而不知也若夫蓬萊者火阬之世權開以度生者也蓮土者大乘妙法之所示現以救死者也度生拯死之法正為易道不明於天下理義不精人心偏邪禍亂大作生死有憾而作東西異境皆隨世開示因病制藥莫知所宗不入大易之門終莫知所宗也

客有過磐莊者曰先生接人以道勉人以學而不知今世之人拯死不贍謀食無路儌倖利達以濟其私之不暇奚暇從先生之教先生之為此無乃不通於世而自取大困乎先生曰學道正所以救死也救死而不以道始則相謀而相欺甚之爭奪而

相殺縱能幸免一生天命真性已絶而可謂之生乎苟能學道愈困愈力自有轉身一路志在謀食動即畔道畔道即死困何可得與客首肯而退一日復見曰鄙人以先生之言告於人莫不笑而去之道之難喻于俗如此何也先生曰大椿以五百歲為春芳槿朝榮而暮落言大椿於朝槿之前何恠其難喻也今人知富貴利達之榮而不知據德依仁急耳目之小欲忘心知之真好是為槿而不為椿者也彼誠見椿之寂寞於荒陬僻壤無人一顧不如槿之爛然耀目於籓籬之地動人盻睞見近而忘遠求速而遺久常人之情皆若是豈能知大椿之所以哉豈知今日之寂寞荒陬正所以基廣蔭於無窮哉今夫草木之生

非三冬冱寒以固其根氣則無以發春來之茂實有五百歲之畜則其根氣之固為何如由此而發自非常人可及知矣或以告於人彼將曰迂甚矣吾此身無百年之存苟圖利達快我生平足矣更為何哉望五百歲之椿吾已為野土久矣何如一朝之榮得身享之為實也吁若而人是尚可與言哉蝍蛆甘帶鴟鵶嗜鼠而使之慕琅玕之實仰玉山之禾是以祥禽威鳳待醜鳥細蟲也告之者過也

學者問曰禮曰萬物本乎天人生本乎祖何謂也先生曰此道之大倫也天生萬物而人處一焉人為萬物之靈而區以別矣別而正之以名曰人曰物而貴賤定矣繼此之後人自生人物

自生物貴者為嫡賤者為庶嫡者主之庶者助之而人道立矣

問者曰人自生人物自生物是人有人祖物有物祖矣而獨曰人生本乎祖何也曰惟人為祖也祖之為文從示從且示從祀省且从俎省則其義豈不在於陳俎豆隆祭祀乎祭天地之大禮也禮行于上山川水土之物皆我籩豆鼎俎之實燔燎之材助我用以成祭者也故惟人為祖而萬物統于人猶庶統于嫡也

禮天則也人道也本于喪重于祭始于夫婦無夫婦則無繼生而宗祀絶夫婦之倫重於男女之别男女無别則無父子與鳥獸無異而人道絶矣

禮曰諸侯不得祖天子大夫不得祖諸侯則知人不得祖天矣祖天則與草木鳥獸為一本而我非人矣顧我曰人不得祖天人而祖天不父其父而禰其祖亂天之倫罪莫大焉先王之禮不明於後世春秋救其徼火阬滅其跡自是以降世之好大而不知本窮本而不知禮者苦世網之密救死不贍而逃之方外立說祖天以鳴教于世所謂欲潔其身而亂大倫者也然亦勢使之然非其罪也

祖天為二本為亂倫避亂逃死而為此不知真亂真死之在是而為之者權也權之所設舍死亡無所設設權於死亡之地以立象救死亡無可如何之術也不可與論天地之大禮也

羊山磐莊先生語錄後集卷之十五

門下幼學張思瑨錄

詩

山居追步梢堂原韻四十首

凡和人之作大都效其語氣梢堂元人也率爾追和不覺似之近日詞家有大搜宋元人遺詩選刻行世者可卜將來風氣天地間得氣之先莫過蟲鳥山野之言信口隨筆一如候蟲時鳥而已無與于詞章之學也

一編五夜對青藜掩卷長吁空爾為孔孟已多遭晦蝕荀揚何足較醇疵溪山不異東西境道路那分南北岐流俗病昏無藥

救枉收赤箭與青芝疵楯堂作玼漢書黃憲傳去玼吝本即疵字因瑕疵義改從玉耳詩玼兮玼字音此玉色鮮潔也不當為疵義

避人何處托幽棲一片青山一曲溪蘭蕙莫因當户剪蓬蒿從長與人齊清風易到松窗北白日難回蔀屋西驪色雨明嗟道喪誰將申辨碧其雞黃其馬碧其雞驪色彰而雨明辨物之言也辨物為聖學入道之門道有天道人道學有易學大學易學著天道大學明人道天道非言語可見凡言語皆落兩頭落兩頭則不足以見象不足以見象則不足以見道故聖人示人以爻畫此羲皇之易也後世聖人觀其象而係其辭始有語言文字此天道之言也非世人語言可測而通故當時孔子言之雖端木氏之賢猶不可得而聞況其下者乎況于後世之妄言亂道者乎天道為人道之根柢人道為天道之華實天人之際最不易通有辨物之學以通之有辨物之學即有辨物之言辨物之言亦非世人可通如有欲通之者請到羊山莊居與畸人商量箇茶碗

獨行鳥道出迂斜力藉烏藤敢自誇歇足寒岩踞虎豹存身晚歲學龍蛇碧桃樹上千年實紅槿枝頭一日花脩短未知終孰是漫從天際吸朝霞

無居無食求真志觀物觀生起大疑眼接羲農心力盡身逢魑魅事機遲焦芽敗種鋤而去錯節盤根斧以斯破屋蓋頭岩石下不知天地目為誰

果是人間第一流自知實學在尼丘肯擔路雪填習井寧釣淵魚把直鉤白屋迂生矜帖括緑林豪客自王侯蝸牛角上爭枯髆誰共林間枕石頭

名從實起難虛立弃實憑何更立名顧我有生非塊肉信人以

善是連城束芻爲狗祈充欲緣木求魚坐待烹九曲羊腸方寸

地世途不識幾時平

踏徧千峰登絶頂放聲長嘯下崚嶒一嘗澗底半瓢水三見岩

前萬木冰決起榆枋從斥鷃摶扶溟海任雲鵬隨他大小吾無

事若欲摸稜即是稜

百年千古升沉異作德安閒作僞勞涖衆要知專晦用勑身須

辨極秋豪舉時但見黄金笑徹夜那聞赤子號回首人間空一

歎蝸廬雪擁卧方高

支離薄俗何多事看去曾無一可爲避世未能如佛老謀生乍

可學巫醫天存倚伏休尋馬人失機權妄灼龜雨後青錢空四

避更防着賊亦真癡

庶物區分都有患極深通變可無憂不知涇渭誰清濁但見蒿藜自短修苦搆被驅拙乃鷦暫居從借巧維鳩漆園鹿苑庸忘辨齊轉居然各一流

每看梁棟傾羣蟻莫笑蚍蜉不自量曳尾神龜鑽死骨憐臍老麝剔生香空山木落烏啼月絶澗泉枯雁叫霜誰問立人思保合相宜天地理陰陽

雲山疊疊水重重皺父無從遡落紅遊鮪來潛因避釣飛鳶下集為驚弓行歌有客憐萇楚繫馬何人登閬風不學淵明臥窗下誰知應仲老墻東

岩扉颯颯鳴秋葉日日常扃到夕曛但看浮華多變幻從教芳草自紛紜撫今孰辨龍蛇雜懷古聊隨鹿豕羣共語無人空胞抱郄何心閒玩嶺頭雲

采薇歌罷北風涼雨雪迷離日在房桑户裸形非是忿接輿髡首不為狂古今迭變成三局身世相違付兩忘天地沍寒生意盡曲肱環堵養微陽

半畝畦蔬手自栽荷耡終日敢徘徊吉祥盡自憂勤至禍患都從侈肆來挾纊更思狐有腋烹鮮還問豹求胎誰知風雪茅廬士獨擁藜床撥冷灰

明月當宵委路塵衆皆按劍為無因却將王母髻中寶擲與貧

婆背後人終古根苗頊爾變自今風雨斬然新要人開口何從
覓曾踏芒鞋徧九垠
蔽空風雪下衡門旨蓄何來過曉昏覓得蹲鴟煨土室懶将天
馬拭仙源養生竟誤書千卷辟穀終欺丹一丸放倒目前猶耿
耿夜長無寐想羲軒
德業功名讓與求真如寸木較岑樓當塲豈易收雙足借徑何
難出一頭要以騰驤見天馬且將鞭策釋車牛不堪極目高山
頂亂水茫茫日下流
山厨往往斷炊烟採梠朝餐腹果然猶幸垂髫薰儉習不愁投
老度凶年奢風日長猶飄海薄俗方沉那塞淵聞道騎鯨撇波

去令人長憶李青蓮

搰搰終身首未回北鄰野老最堪哀但知積累成豐本豈識堆藏有禍胎盡逐魚腥圖飽槖誰求獺膽為分杯一壺濁酒從人借取醉臨風探早梅

圭竇風寒聊塞草土墻雨打半無茨陶家事業多三徑盧氏文章餘五悲倚杖不知床几潄杜門那省路途危居常待盡何思慮此外非人可預期

蠻觸何勞捨命爭不看漢寢與唐陵禁防縱有藏機穽朽敗終無繫日繩葢屋只消三寸草束棺能費幾條藤死生事畢休多事多事多招盜賊憎

世病無常命不留空山有藥為搜求只拈一草當機候便退諸邪過好秋莫肯自調成潄症豈能全倚服神樓救人救己憑工巧中竅真如射中侯

一從兼并生生息天下誰媮一日安青草亂生新鬼墓白雲長臥古仙壇剜心不足援顛趾直履寧嫌用潄冠若使河清身可待橫流獨塞復何難

掉舌人前人不領退思魯叟欲無言一朝杜口歸空谷盡日凝眸倚蓽門我道登山騎餓虎世途入峽聽啼猿淵明早解終年醉何必桃花别有源

蕭蕭槲葉響空林長夜漫漫睡未沉欲為古今存大義不虞天

地竟無心半床落月憐孤影兩鬢繁霜惜寸陰老至不知成底事仰觀俯察極高深

人之文繡吾無願遮體何慚敝緼袍中夜不眠心耿耿下流誰與易滔滔側身就隱非長隱絶俗爲高豈是高果有花源安井里便煩堯舜學栽桃

門前老樹帶斜陽寥落空堂奉素王直假餘年補愚陋旁搜散帙備遺亡省身自愧常多病涉世終愁無一長待得有人尋到此不嫌境遇過荒凉

天地無文終渾沌煌煌典籍賴人存披蒖要省從來處飲水當思所出源但急投林悲倦鳥不閒擇木憫窮猿一毫苟且終身

玷葢世勳名何足論

寝跡何從假外緣并将舊物廢青氈身披薜荔孤村雨口借菖蒲一勺泉心在文章那有法道非言語可能傳賺人往往輕千里亂叩柴門三十年

鳥善高飛魚善沈羚羊無跡與人尋明珠放下成蜣壤糞土摶來是赤金趁爾神通詎可識隨他伎倆亦何心宏羅密綱彌天地一陣清風過棘林

林風肅肅振編篷霜落邨墟卧聽舂終夜不眠惟捫虱一生所學是屠龍遠書約我遊黄海滿擬隨人看老松何事淹留積雨雪擁床敗絮坐如鍾近日洪學憲谷一汪子扶晨並遺書羊山邀遊黄海辭以風雪将至非盤桓登眺之

時而止及此兀坐窮簷蹉跎短景復用慨然

與世圖安那得安自尋山麓到湖干耡耰本望滋生活水溢連邅復旱乾謀道苦於求食累養身無以害心難年年未審如何過回想從來膽欲寒

雨眴冷到瘃隨發雙鬢春回雪不消幼好高冠逢世變晚留知褐謝時招山行每去尋鮫艇野步從來怯板橋天上有人能下問一生心事付耕樵

凍烏饑禽處處啼閉門細想把頭低物情共急營身口吾道偏嫌帶水泥救世但慈何足濟為人非禮莫能齊倒瓶只有盈升米拋散荒原與涸溪

時慕撫院以絮衣給鄉民之凍者嘗置數百于山莊求者羣集日暮不散傾甕粟煑

糜食之告以給完無存矣至再至三猶含淚不即去有堅卧冷地二三日不動甚至怨詈謗毀

果到途窮自有途興衰頓足若夫夫倒拈苹笏撩人問穩坐藜床盡我愚拾芥不須真琥珀博酤寧用好珊瑚絮袍零落生春色補綴胸襟拆海圖

盡從乖覺逃真究至道誰來共討論展卷且圖遮老眼荷鋤還去顧荒園將勤補世窮猶達以道為身卑亦尊搦管畫符增近習擬窺劍器舞公孫

自閉離騷歌橘頌每思移住洞庭間木奴可倚共朝夕路鬼何從俟往還生計不成終丐食癡心未死望深山追呼直入無人境此世誰能得暫閒

魯鐸聲消秦禍作，火阬深烈諱儒名。蓬山采藥聊醫死，葱嶺拈花且度生。獨立微軀憂世患，同資大化感人情。國奢示儉猶忘本，綿蕞如何致太平。

摸象昏昏窺一體，擬將寸燭比春暉。英靈若此將何賴，椎愚如余竟孰歸。雲霧既開通上下，林淵莫問信潛飛。艱難守待推誰任，凍餒忘謀食與衣。

栯堂栯字音宥，與柚同一音，郁亦木名，即櫛李也。畸人弱冠讀橘頌，慨然慕之，欲結茅洞庭橘林下，因自號橘閒，閒古庵字也。橘柚閒堂適屬相聯，而偶遇于異代，亦一奇矣。感而追步其詩四十首之韻，因韻而頗逗漏實學宗旨，或亦因緣時節有在，而至寶不終秘耶。并自志篇末

志學趙景行校

余負笈羊山莊居自秋徂冬聆先生之緒論者殆十旬矣一日陸載馮氏攜華山僧鑒和尚和栯堂詩至先生閱之未釋手顧謂余曰詩至七言律難矣復束以次韻且多至四十首益難矣僧公昔年曾相見于古南客寮屈指二十餘年舉起詩卷云今忽相見于此二十餘年聲光之盛窺此一斑金豹具在矣載馮曰先生盍亦和之未數日先生畢和出以示余曰聊借以記事志慨不足為外人道也載馮氏適至謀於余曰盍亦刻之以傳示天下之向學并和詩者先生未之許也時幼子思琯隨侍山中其母平日奨誘之嘗以白金忻然欲盡所有出以付剞劂氏余徽産也鄉之人習于賈自幼即志謀利父母亦自幼以此教

之有所賜即今積于鄉黨之善賈者代爲之權子母今思瑠獨輕彼而重此其能知重先生能出鄉人之舊習他日或有可教者因告先生以成其意并以成載馬氏之意云若欲即此以窺先生之一斑非余所敢知也

康熙十九年一之日穀旦

門人張文運義天氏謹跋

羊山磐莊先生語錄後集卷之十六

志學門人趙景行錄

銘

四寶銘有序

筆墨紙硯世謂四寶名甚當然而真能知其當者鮮矣皆忽于所近忘于所習也世之忽忘者多矣豈獨此四物而獨不可忽忘者此四物也何也非此無以托我命也不重托命者由不知我命不知命無以為君子知則重之重則錄而銘之且古人之于物也用之必報之志其重亦所以報德也嗚呼我不知德又何以知報德也哉觀至于此可以自省矣

筆銘

蓄其鋭，獨處脆，交有功，乘其鋒。

墨銘

磨不磨，不磨磨，我與爾，則那。

紙銘

寧束置以成，故毋苟塗以污。素覆瓶裝池，孰升隨。

硯

俾爾倈于即墨，以毋忘潁氏、楮氏之役，毋侵野馬以自逸。

合銘

四子之德，協于克一。繄風成跡，俾人命無終極。微四子，我誰與

二

頌

十八羅漢頌并序

燕居寄園偶閲東坡集十八羅漢頌憶自童年見之初未領會心頗悦之如遇山殽海錯未涉脣吻想其中必有異味也今觀之大可噴飯惟空山無人水流花開二語足破釋氏見相並起之説别有取爾在坡信口道出即問之亦不自解入此等文字縱有真見不過與庭前柏子薰風南來等句無異世儒不曉佛學遂驚訝爲絶世文字韓歐所不能作不知其全墮雲霧中强作解事語耳韓歐不入人圈檟不遺人笑柄潔淨多矣釋氏於

坡特借其名位文章為外護若論佛法固謂為門外漢也更為頌出一任明眼人貽駭若世儒以文字求之則豈可與坡公並論耶

第一尊者結跏正坐侍者側立有鬼使者稽顙於前蠻奴取其書通之頌曰

有使維鬼應之者奴非使非奴於何有書正坐端躬日輪當空莫可近傍而欲求通

第二尊者合掌趺坐蠻奴捧櫝於前老人發之中有琉璃瓶貯舍利十數頌曰

是瓶中者與瓦礫同若真舍利不在瓶中合掌不起是敬是惰

孰敢借問自取罪過

第三尊者扶烏木養和正坐下有白沐猴獻果侍者執盤受之

頌曰

獻供來者豈以雪浴爾爲阿誰王孫之族我腹不饑爾食自足鉤賊破家侍者薄福搔着癢處却是烏木第四尊者側坐屈三指答胡人之問下有蠻奴捧函童子戲捕龜者頌曰

問在口中答出手上開則掌名握則拳相半開半握是拳是掌封者發視靈者放養童子蠻奴一罰一賞第五尊者臨淵濤抱膝而坐神女出水中蠻奴受其書頌曰

縈者何來手有所獻蠢者未接妍媸孰辨逝者如斯當下一盼

作浪興波從此起見

第六尊者右手支頤左手拊稺師子顧視侍者擇瓜而剖之頌曰

一圓未剖有何揀擇食者須剖剖即不食撫此幼者支頤自適使解報恩即時返擲

第七尊者臨水側坐有龍出焉吐珠其手胡人持短錫杖蠻奴捧鉢而立頌曰

是大摩尼從他入手放光動地諸佛却走南蠻北胡二器是守解降異類於我何有

第八尊者並膝而坐加肘其上侍者汲水過前有神人涌出於

地捧盤獻寶頌曰

汲水出地神亦隨出我寶在爾獻則我失視此盤中輝光四溢

至寶無色肘加雨膝

第九尊者食已撲鉢持數珠誦咒而坐下有童子搆火具茶又

有理筒注水蓮池中者頌曰

舌上湧泉蓮花自現而此池中無别無間飯去茶來水瀉火現

是二侍者當機已薦

第十尊者執經正坐有仙人侍女焚香於前頌曰

是仙是凡是女是男面目現在心識不參是心是經放大光明

切莫錯認鑪裏烟生

第十一尊者趺坐梵香侍者拱手胡人捧函而立頌曰

鼻孔撩天香薰不入烟起即歆諸天辟易香消坐久捧函拱手胡人漢人有鼻欠扭

第十二尊者正坐入定枯木中其神騰出于上有大蟒出其下頌曰

形本枯木復同蛇蚹本無一物何有遺蜕上騰下出是升是墮曰神曰蟒將錯就錯

第十三尊者倚杖垂足側坐侍者捧函而立有虎過前有童子怖匿而竊窺之頌曰

小空大空何似這個我若正坐不放他過童子着賊藏形露迹

蠢爾侍者和盤托出

第十四尊者持鈴杵正坐誦咒侍者整衣於右胡人橫短錫跪坐於左有蛇一角若仰訴者頌曰

有虬其鬚有角其首人與非人來訴無口侍者整衣不動座右釋結解冤豈藉鈴咒

第十五尊者鬚眉皆白袖手趺坐胡人拜伏於前蠻奴手持拄杖侍者合掌而立頌曰

膜拜倒身卓立合掌正令當行却是拄杖鬅鬙這漢不知退讓袖着兩手全没技倆

第十六尊者橫如意趺坐有童子發香篆侍者注水花盆中頌

曰

縷縷碧青朶朶鮮紅大作佛事香色叢中眠却莘芴獨坐如鐘

慈愍衆生逞盡神通

第十七尊者臨水側坐仰觀飛雀其一既下集矣侍者以手拊之有童子提手籃取果投水中頌曰

有翔斯觀有集斯拊風浪既恬隨意坐坐拈出籃中投諸水府

看這小厮一上亂做

第十八尊者植拂支頤瞪目而坐有童子破石榴以獻頌曰

有拂斯竪有包斯破朶頤以獻支頤不顧皮開子露放過不可

佛法大有於道未覩

鯤鵬頌

碧紗深掩玉人房翠掃蛾眉半面粧無限風流何處是一針繡出雨鴛鴦

狙公賦芧頌

五色花毬弄丸手琉璃殿上逞風流合歡却笑成何事贏得蛾眉倚玉樓

贊

文昌贊并序

世之學者多事文昌謂其神主斯文事之得智慧塑繪之像有二童子侍相傳名天聾地啞人無知其義者今夫六經典籍天

地之大文聖人著之以開學者之耳目者也點畫之有形者地也義理之無形者天顧非有能言之人能聽之人則天地皆聾啞矣縹緗卷軸藏之篋笥莫之講習聾啞一蒙童始學僅通句讀心識未開聾啞二腐儒俗學陳言臆説雲霧閉塞聾啞三惟立天地中間之人通天地之變化得聖人之心倡明正學開天地之錮蔽而斯文乃昌是之謂文昌也夫俗又稱梓潼或謂即梓潼縣人張亞子甚無謂張氏子孑猷以繪像索題爲之贊曰天地之文聖人之心皇皇典籍實開生靈愚蒙未發口耳無門精神既貫風雷乃行化成萬物昭示千春斯文大昌聖教永明惟爾有神庶幾是聽

跋金懋生藏石刻聖像

同於衆人者聖人之形出於庶物者聖人之神形本於地神本於天維天統地維神統形聖人之神具在大易人能學易以知天地之變化則真象出而真神見聖人之真面目灼然矣又何俟區區圖繪之間雖然非地則天不見非形則神不顯然則圖聖賢像以勸諸貞石動斯人之耳目生敬仰願學之心若吳道子者不可謂非有功於聖門也仁和學宮石刻蓋李龍眠臨道子舊本金子懋生裝成卷軸以藏於家豈徒欲見聖賢之形耶抑欲由形而進求見其神也

題

題先聖微服

卒遇危途身用晦，旋臻坦道跡還明。當時天下皆為宋，微服終身無處更。

自去春秋專力并，蕩除仁義盡為秦。火坑人籍無噍類，何法方能逃此身。

黑荳拈來換眼睛，毀形滅性不容明。遂開別境無人識，蓮土蓬山特地生。

涉跡循名躬執炬，探生掐箭一何癡。是知微服神通大，在宋人前過不知。

題老子出關

紫氣浮空青牛行地白雪丹砂容鬓有異夾帶過關誰肯放你傴僂磬折盡底盤詰納下五千一塲敗缺教孔作聖化胡為佛罵鹿驚麞衆口一説到我這裏不消一吷

題達磨渡江

大水茫茫泛一蘆東西兩岸本同途無端來往眞多事屈殺當年斷臂夫

題教學規

上下不交天地晦冥二千餘歲民不生生誰其憫之唯我亟人世事之壞由人心偏人心之偏由道失傳道喪教裂妄亂相沿

正心以事成事以物物有不辨知昏意惑昏則亂作惑則安行流禍慘毒干戈日尋乃仇仁義文獻燔阬遂開老釋長生無生設權示忍絶路為行入水避溺抱火脱焚蠱鄉無毒亂室無淫藥石疢疾止藥傾昧者孰藥流澈從横大勢所至牢固生成誰能反經以興庶民窮則當變亟人乃生亟人設教辨物立人至簡至易研幾極深唯取一物原始要終以極天地萬物皆同二元一交天地斯易元則本分分則不易唯易不易交分可測分為塵空交成虚色立我别物知能乃出以分貴賤以别庶嫡王道本易齊民共由學以知之哲人是求求則得之得則能之果能此道百世宗之有土為君無土為師道食相易政教相資親

親尊賢禮讓肇茲　君以統世師以統道唯教學規道統典要有典有博無纖不冒立自亟人藏之羊豹有王者興是法是效嗚呼休哉永世克紹三代邈執此可到守待皇皇斯民斯覺箴

莊居四約箴

農衣

民生衣食惟農之力菽粟桑麻是藝是織時王之興必易服色惟農不改澉垢襏襫唯我庶士田野是憩衣農之衣不交當世苟有或踰即為犯制守賤安貧隱居求志大禹惡衣文王卑服古聖帝王躬儉率俗矧伊衆庶乃敢縱欲惟狂罔念鮮華是逐服之不衷致灾孔速是用大戒重自檢束

荒食

惟古帝王憂民病荒民命惟穀豐儉靡常畜九年備大祲不傷君始作樂以樂阜康畜僅三年旱潦為殃徹樂減饍勅躬省方降茲近世農無宿糧樂歲長饑凶年死亡庶士志道謀食不遑敢慕菽麥實羨糟糠采稆拾橡接息充腸同農甘苦辟難安常飽乎仁義不願膏粱口腹害心是用大防

苟舍

志道之士居無求安自古帝王茅茨采椽不剪不斲惟取苟完其所盡力溝洫田間蓽門圭竇在下之賢得蔽風雨容厀窮年咏歌誦讀覆庇自天廣廈高堂未聞有傳宮室之美實啟大貪

本心致失莫此為先

跋

先聖之道炳如日星漢宋諸儒訓詁傳註紛紜其說使後之學者靡所適從以譌傳譌愈講愈晦豈漢宋諸儒之過耶蓋道有污隆時有治亂天實為之也余小子夙夜以思若有神助覺其譌謬略為正之施之於宗廟明堂信之於宗族國人耳目為之一新遂受知於今上得坐臯比主講席六館之士環而聚聽近復受監督河工之命訪道廣陵得見羊山語錄真能脫盡窠臼抉破樊籬獨證先聖之道於目前事物得其至簡易至平常之精蘊而泛應隨機因機利導引諸子百家以歸於大中至正其有功於我道不小其中間有與余不同者尚期王事告竣參證

有日嗚呼惟我先聖之道廣大悉備有天道焉焉有地道焉有人道焉又豈淺學寡聞者所得而妄解臆說其間哉我與羊山其共勉之

康熙二十有七年夏四月望前二日闕里孔尚任拜跋

助刻羊山先生語錄啟

開羣蒙之視聽實賴先知闡前聖之精微必資講說故師門垂訓不厭諄詳而後學書紳間登紀錄所願廣傳諸通國豈宜久閟于名山茲啟羊山先生馬夫子道重立人知先辨物淹洽貫穿于博學四序縱横出入于象數三門推閱世之深心垂誨人之至論隨機曲導即問仙問佛無不引歸大中至正之途觸境開疑舉知地知天不過目前日用尋常之實由是大江南北浙水東西化被羣英咸摳衣而嚮往名聞當事多虛左而躬迎冀聆麈尾之談請正皐比之位接提耳之訓詞何殊披霧佩砭心之正論不啻聞雷登座輒數百千言編得三十餘卷繹其微旨

多前人未發之奇譬彼禪宗即教外别傳之緒他如詩文雜記贊頌題銘别致幽思微詞隱義皆以發揮大道扶正人心雖曰多能之緒餘豈止筆墨之游戲某等久列門牆夙承音旨愧未窺夫閫奥竊樂釆其芳華片言隻字皆堪銘佩以終身典訓弘文可勿流傳于衆目除舊刻五卷外今當付梓者若干卷凡我同門均宜協力共庀梨棗之材資以剞劂之費使得合成全帙開示方來凡在上天下地之間豈無好學深思之士睹此而興疑興感因之而求友求師庶六經之旨炳如日星三代之英遇諸旦暮曷勝慶願伏候弘施謹啓

查士標　劉深楨　張琬　熊維熊　吳嘉紀

孫枝蔚 汪逢楫 程羽豐 汪元達 程良驤
葉生 吳任臣 張用霖 洪嘉植 丁名世
汪士震 郝勉 汪元運 汪繼孝 楊中選
汪玠 吳菘 吳承勵 汪起蛟 李德
查士模 汪斅 程以儼 汪敏 孫錫福
程公遜 朱昌緒 潘鏐 胡家治 汪知化
談捷 沈峻 吳之升 張理遵 陳旭
朱良仕 楊敦禮 龔何亨 徐有成 馮兆陛
孫弓安 李森 沈翼震 施珵 章斌
吳鵠 閔士榮 陸標 朱澄芳 沈曾成

程芝秹　沈倬　湯有萃　楊葳　方琪

汪士裕　程洪　徐燮　張芊等仝頓

附録

玄宗旨

玄宗旨

龍門十九傳季圓嬰蕙纕輯
二十一傳吳志毋髡夫閱

蕙纕先生金丹直指

談玄非鑿空之論。仙真非誣語之人。而世多未之信者何也。由凡夫之自昧本來。方士之妄傳異術。飄溺濁世之末流。迷失大道之真源耳。直指大道之根源點破紙窓。天光洞徹。學者可自思而自證矣。易曰大哉乾元萬物資始至哉坤元萬物資生二元易有太極太極立而天地位品物生此大道之根源也誠觀萬物之生莫不資藉元始之氣而得氣之中和者莫如人人稟父精母血以有生生矣而非所以生其所以生者有行于精血之中不離于精血者在所謂先天一氣如真金混于銅鐵莫能辨也欲使真金透露須消盡銅鐵欲得先天一氣須煉盡精血消銅鐵者在明爐煉精血者在丹田又須要得烹煉之方以

安鼎器，乃能從事于玄關。謂之先天者，以此氣先天地而生，天地先精血而生精血也。又謂之祖氣、元氣、真氣。此氣無聲無臭，易散難留，其散也，導引不能收之，藥石不能制之。導引之法，妄役一身之氣，而予真氣之升降聚散，則固無從而控馭。藥石之用，止可去外邪之作病，而于真病之為患，則固無縱驅卻。凡人之生，止于百年，秉受于父母者，期盡于此。自胞胎以至老死，其始終盛衰，莫能逃此定數也。究此定數，誰則為之。為此定数者。定数不能拘。乃亘古亘今不戀不易之物也。仙真指此以示人。故有長生度世之道。憫世人之局于百年。陷于利欲。而不知求脫離以登仙境也。顧此道。雖不戀富貴。亦不逃富貴。不得其道。處貧賤而愁尤。苟得其道。有天下而不與。隨處自得。逍遥無碍。何必棄而君臣。去而父子。出妻屏子。以為道哉。紫陽仙翁云。原來大隱居塵市。何必深山守靜。孤第欲居塵出塵。要識塵緣非我。應接塵緣者形軀。

而寂然不動者真性，真性在形軀中，如嬰兒在母腹內，母有喜怒，而嬰兒不興，形有喜怒，而真性不興。古人有胎教以保孕，道家有清淨以養胎，同一揆也。列子曰：廢心而用形，謂心不着物，而廢之獨用形骸以應物。前代仙真慮此道之不容驟說，此境之不容驟證也，借為金丹以喻之，性命雙修以誘之，使人之貪戀夫富貴長生，方肯加功于內照，始而以命收性，既而以性接命，性命混一而不分，謂之雙修。修性非他，即心之神而為內藥者是命非他即身之先天氣而為外藥者是太上所謂虛心實腹虛心即修性實腹即修命修命即煉精以化氣煉至此氣充滿而積實一身皆化為真氣非復凡夫之身矣又能煉氣以化神至于神則變化不測散成氣聚成形身外有身出死入生直至于神還虛虛合道皆在是矣而其要全在虛心煉己苟煉己無工夫即欲下手煉氣縱得真口訣勉強行持必致幾成復敗不可救治神仙易成煉

已難到煉已若成立躋仙境矣要知神仙即是凡夫形色即是天性欲變凡夫爲神仙須煉形色成天性既從形色下手以上達性學自有程途漸進之工夫故不得不多其名目接引之故以神氣分心腎以心腎配坎離以活潑象龍虎以藥物名鉛汞有藥物必有藥苗黄芽白雪喻鉛汞所生之苗也煉藥必須鼎爐分身心爲爐鼎藥性有陰陽以一氣分陰陽既有陰陽則凡所謂冬至也子也震也天根也進火也皆

陽生之別名也夏至也午也月窟也水也退符也皆陰生之別名也一陽為復二陽為臨三陽為泰四陽為大壯五陽為夬六陽為乾一陰為姤二陰為遯三陰為否四陰為觀五陰為剝六陰為坤六十四卦于是乎為一周此週天之火候也子時謂之進陽火午時謂之退陰符下陽下陰之始其節竇下手之功夫也三陰三陽剛柔中半不可有心于進火不可有心于退節候當洗淨心源以候陰陽之升降所謂沐浴

也即洗心滌慮之謂也於時為卯酉故曰卯酉總交沐浴時六陽既足則成乾曰嬰兒六陰既足則成坤曰姹女男女相配便成夫婦夫婦非媒妁不成故以黃婆為媒妁配合必歸洞房故有洞房必相貪戀故有交姤既交姤則陽施陰泄施泄既行而一點落黃庭矣至落黃庭之後神氣混合不分性不在性而接命謂之太陽移在月明中日月合璧性命雙修金丹之象也金丹之于黃庭亦猶凡夫之有子宮父精母

血受於子宮則懷孕陽施陰泄落于黃庭則結胎一點甫落其形甚微如一粒黍米故曰黍米玄珠少頃而金光發現曰華池華者金華池即黃庭之內也少頃而化為清水曰神水所謂華池玉蓮開神水金波淨者是也水既旺而溢遂逆池而上曰黃河水逆流逆之丁字修煉機要始而進火氣已逆行及至降火為水又逆而上自夾脊雙關透于項門復落黃庭循環運轉曰三車搬運三車即精氣神三者搬運即循

環之謂非也俗有為之搬運也搬運數遍復凝于黄庭以之而其光瑩然曰蟾光故曰夜深月正明天地一輪鏡諺云劉海戲蟾者此也此水乃有源之水即神氣停蓄而淵澄充溢不假外求者也妄言採戰者以御女之時提尾閭之滛火曰黄河水逆流不知既無黄河水以何物逆流為此說者謂人自謂不可不審也凡間之夫婦或有夜不交媾身中之夫婦無夜不交媾所以黍米之珠一粒復一粒從微而至著蓋

自落黄庭之後。積。累。馴致而然也。積之既久。漸結而成胎。如龍養珠。如雞抱卵。如婦如子懷胎。十月成胎。三年哺乳。出神變化。皆在此矣。設喻曉人。各有光景。亦有次第。不能備述。約而言之。無非煉氣與煉神二者而已。矣。到得神還處。合道。則皆無工夫之工夫。一槩不必言矣。故曰用鉛不用鉛。須向鉛中作。及至用鉛時用。鉛還是錯。鉛即氣。以氣煉神。是為用鉛。工夫到頂。鉛氣煉盡。如明窓中射日之塵。片片飛去。脱化成仙。

非言説可及。惟證乃知耳。李清庵曰。修煉之始。有無互用。動靜相須。及其成功。動靜俱無。有無俱遣。如過河之舟。既登道岸。直抛棄之而已矣。今人學仙不能知此。遠求海外之蓬萊方丈。不近求于身內之丹室絳宮。胥失之矣。管公明云。善易者不言易。芬亦曰。善生者不言生也。知此者。則期在真身上用功。不在凡身上用功也。當其未聞道之時。不生不足以修道。及其既聞道之日。久生亦可。超生亦可。又何必留形住世爲哉。是以分鉛

分汞曰乜曰蒙由下乘以漸進中乘由中乘以漸進
上乘此皆從凡入聖之工夫由累月積之次第至于
上品丹法以太虛為爐鼎烏兎為藥物靜則是水動則
是火不假修習而自無不修不習都又何用絲々名
即種々作用至于無己無功無名之極頂則有解牛
之芒刃齊物之言哉在請質諸漆園真人非徒事煉
氣者所及知也　芬夙慕道參訪有年屢遇異人每承
指授精思力究貫徹于中不採一得之愚述其大概

如此。非行之。盡即非知之。至然非知之。至即非行之。盡。世人沉溺於声色貨利之場。沒身不返。聞玄學家之言。未有不咲而去之。孰知向此道。留心微。予言之為。真。指。訣。

直指口訣

性命雙修大丹之秘。性須養神。命須採氣。採氣之法。不由搬運。血氣屬陰。後天無用。真陽元氣。乃屬先天。採之時。有烝為火。時為候。子後寅前。此時身中陽生謂之冬至。陽氣將生。

披衣起坐。內照澄心。隄防錯過。防閑日久。自見分明。兩腎中間。一縷光生。從竅湧出。欲過關元。（臍下一寸三分之处）惟因坐起。只得逆還。氣歸丹穴。日有增益。微以意逆升神室。（心也）腎氣上升。心液下降。神氣交姤。坎離取象。交姤數足。落入黃庭。一日一粒。黍米漸增。神凝氣聚。逼勒上升。尾閭泥丸。黃庭復降。升降循環。五六七遍。後復凝然。澄潭月現。（此時性命合而為一。謂之日月合璧。）神氣愈盛。交姤愈靈。內而心腎。外而一身。（任督二脉）乾坤交姤。河車運轉。規中指南謂內外交為乾坤交媾偏體光明。紅爐氣爍。陽氣日長。
陰氣日消。陰盡陽純。丹崖非遙。煉氣煉神。斯言可述。
若欲煉形。別有口訣。起我陽火。煅煉陰精。形骸如鐵。
委脫常存。煉神煉氣。養性為先。性昏神亂。氣亦不全。
煉形之訣。大約一年可作二三次。每次始初可作二
三日。後可以五六日不食。不接人事。蓋腹有飲食。則
陽礙真氣。不能遍徹一身。陰邪豈能盡逐。向外煉形
之時。謂之分龍。蓋初修者。真陽雖盛。向與後天之氣

相應。即相雜不純。不能脫出陽神也。漸與後天形軀分清。則陽神可以起脫。自由向頂門出去。化體于太虛。藉後天氣以載之。則來去翛然。上天下地。不動步而到也。始初煉形。止可二三日者。以不能久餓也。修煉之時。有內解。有外解。內解是從大便瀉出污穢。外解是從皮肉生出瘡癤。隨其人平日所受之偏疾積患。真氣既足。自不能容。自然攻之發出來也。

金丹關竅說

人之一身有三關尾閭夾脊玉枕也尾閭在背之脊骨盡處內通兩腎之竅從此關起一條髓路直上至對脚處曰夾脊關又上至腦後即玉枕關此陽氣上升之路也又總謂之黄河借意曰曹溪以道家源流出于曹溪也人身有三宫泥丸土釜華池也泥丸為上丹田方圓一寸二分乃藏神之所在眉心入內三寸眉心為天門入內一寸為明堂再入一寸為洞房

宮再入一寸為泥丸宮為元首正中之地眉心之下謂之鼻柱金橋下至口中有兩竅通咽喉謂之鵲橋蓋喉是頸外硬骨太虛浩氣從此出入內有軟管曰咽進飲食之路也又謂之食喉其氣喉有十二節曰重樓即天上玉樓十二也重直下通肺竅以至于心曰神室心下一竅曰絳宮乃龍虎交會之地直下三寸六分為土釜即黃庭宮中丹田其下田曰左明堂右洞房無真居左白元居右方圓一寸二分乃藏氣

之所煉丹之處直下至臍門對過約三寸六分故曰
天上三十六地下三十六自天至地八萬四千里自
人心至腎八寸四分心天三寸六分腎地三寸六分
中丹田一寸二分合八寸四分臍曰生門有七竅通
外腎精氣漏泄之竅也臍之後腎之前正中之地曰
偃月爐又曰氣海下一寸三分爲華池即下丹田乃藏
精之所採藥之處有二竅通內兩腎之中其中有竅
通尾閭穴尾閭穴男子九竅女人六竅此一身之關

竅也修煉之士工到自覺其名不知必由傳受金丹之道金從靜定而入若不能靜定則神氣不聚耗散致疾修煉之士務調其息調至不覺有息則呼吸住而真氣入神呼吸粗浮則神不守舍性命將離須先遇事制心事未至不生妄訬心事既至不生凝滯煩燥心隨事了事隨宜應過不復留戀使中心常無一點事則心靜矣以此靜心獨處靜室盤膝握固竪起脊梁瞑目拄舌則身定矣靜定既久調息綿綿則

真息自住。鼻無出入。氣歸元海。積聚薰蒸。而一身關竅通矣。

擇地

凡欲修煉。須擇名山福地。藏風聚氣。古仙成道之所。結茅居止。方得天地吉神訶護。倘不得地。恐山魈木客盜奪靈氣。致難成也。修德行善。鬼魅不敢侵犯。無德忘善。神且繫之矣。縱得吉地不成也。

築基煉己還返

築基者○即收神固精○培養真氣之謂○煉已者○即忘情絕念○煉去私已偷心○如大死人之謂○嬰兒始離母腹○純靜無為○屬陰○于卦為坤○自一歲至三歲○長元氣六十四銖○是一陽始生○于卦為復○至五歲又長元氣六十四銖○于卦為臨○八歲為泰○十歲為大壯○十三歲為夬○各長元氣六十四銖○至十六歲○又長元氣六十四銖○則純陽而為乾○足腦精完一斤之數○如宿有靈骨○童真內養○立躋仙路○否則愛欲內攻○陽極而動○二八

通精氣洩。卦变為離。陰氣漸長。陽氣漸消。自十六至二十四歲。耗散元氣六十四銖。卦变為姤。耗散不已。至三十二歲為遯。四十為否。四十八為觀。五十六為剥。各耗散元氣六十四銖。醉夢中生。不覺不知。至于六十四歲。卦氣已週。得于天地。本于父母之元氣。耗散已盡。陽盡陰純。仍返于坤。血枯髓竭。貌稿形衰。苟延不死。惟藉穀氣以培後天之精血而已。倘遇明師。指示返還之道。猶可急救。其法先用龍虎衣。固滿外腎

「并穀道。牢閉勿令走失。每夜遇外腎欵舉未舉之時。即是身中火候也。急須起坐。名曰鉛遇癸生須急採。採之之法。竪起脊梁。雙目上視泥丸。旋轉三十六次。真氣入腦。化而為髓。如此日行日舉。時烹時煉。忘言閉兊終日如愚。採補百日。得元氣六十四銖。于卦應復。一陽生也。如前進用功夫。二百日為臨。三百日為泰。四百日為大壯。五百日為夬。由此愈加精進。至六百日。補完元氣六十四銖。以奪天地一週之造化。返還輕健之童真謂之築基然非煉已之至不能成築基之功也如此築基煉已方可入室下手進求還丹故曰屋破修容易藥枯生不難但知歸復法金寶積如山

修煉須知凡九條

五○賊○ 入○室○ 飲○食○ 三○火○ 三○關○

四○威○儀○ 天○根○月○窟○ 任○督○ 火○符○

五賊

金丹之道○先須煉已○煉已者○煉去偏習○到純清絕點之地○不為境緣牽動也○莊子曰○至人無已○能無已○斯煉之至矣○欲煉已○先去其賊已者○賊已者有五○聲△色△臭△味△物△也○受賊者○耳△目△鼻△舌△意△也○凡夫縱眼見色○則

受色揖而賊精。縱耳聽聲。則受聲役而蕩精。鼻聞香。則逐香而耗精。口貪味。則淫味而走精。意攬物。則擾神而損精。苟能一念向道。心不外馳。則忘于目。有不睹之睹。忘于耳。有不聞之聞。忘于鼻。得真息之息。忘于口。甘無味之味。忘于意。則存不神之神。五賊俱忘。收歸竅內。所謂精神魂魄意。攢簇坤位者是也。何患金丹之不成哉。

入室

凡欲修煉。預擇吉日入室。用榆木椅。床下安放雄黄一斤。上供東華帝君。懸古鏡一面。劍一把。面前勿容一物。致心不靜。屋毋太高。〻則氣散。〻則傷魂。毋太卑。〻則氣鬱。〻則傷魄。須高卑適中。四壁皆列窗戶。以通日月星斗之氣。有風則閉。無風則開。窗戶間須設簾幙。太明則垂之。太暗則捲之。使明暗適中。以安心目。則身安矣。偶有事。則速應之而勿滯。如明鏡懸空。物來斯照。物去則空。

飲食

飲食不可太過。太過則傷氣。不可不及。不及則耗精。厚味令人神昏。枯淡令人清薄。智者于此當知所謂揖矣。

三火

身中有三火。一火不伏。結丹不成。心為君火。膀胱為相火。火即臣大腸下行之氣為民火。煉丹須用三火薰蒸。使精氣神交合。方能結丹。火伏本位。乃能薰蒸。民為君臣門戶不緊。須防走失。常要緊撮谷道。遏民火走失之時。須將兩目上視頂門。則濁者徐徐而出。清者緩緩上升。谷氣常存。煉養成丸矣。

三關

身中有三關。性不沾氣為上關。氣不化精為中關。精不走泄為下關。

四威儀

行則措步坦途。凡步履不可趨奔。須安詳徐行。乃得氣和心定。所謂兩脚任從行處去。一靈常與道相隨。立則凝神太虛。脚根着地鼻撩天。兩手相懸在穴前。一氣引從天上降。吞時默默到丹田。坐則調息綿綿。正心端坐。以默為守。以柔為用。心不可動。心動則神不入氣。身不可動。身動則氣不入神。凝神神忘形。至于忘忘。身心靜定。卧則沉神幽谷。幽谷。真息之蒂也。卧用五龍盤體之法。東首側身。一手曲肱枕頭。一手直摩臍腹。一脚佛一脚縮。先睡心。次睡目。神氣自然歸根。呼吸自然含育。不調息而息自調。不伏氣而氣自伏。詩曰：人間白日醒猶睡。老子山中睡亦醒。醒醒睡兩非還兩是。溪雲漠漠水泠泠。

天根月窟

邵子詩曰：乾遇巽時為月窟。地逢雷處見天根。一陽生天根月窟頻來往。三十六宮都是春。

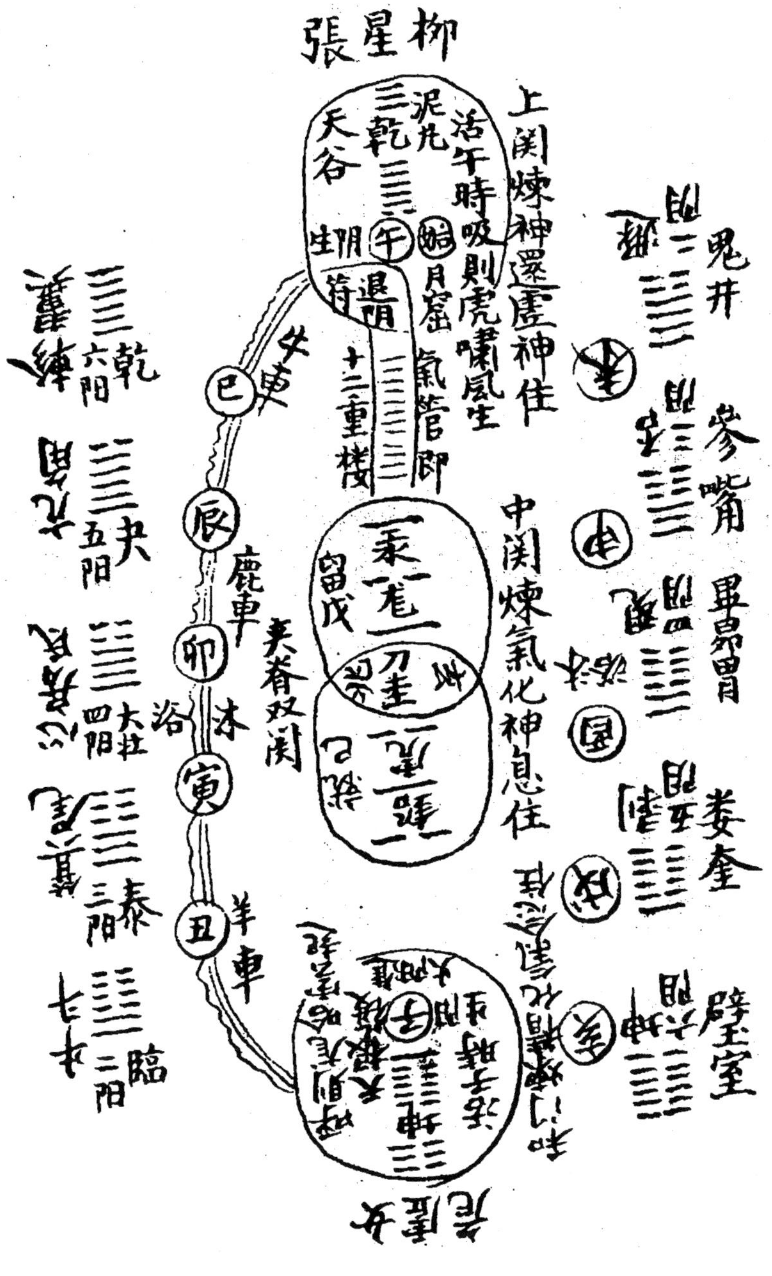

柳星張

上関煉神還虛神住

活午時吸則虎嘯風生

泥丸

乾

天谷

午

生門

退符

氣管

十二重樓

鬼井

參嘴

畢昴胃

婁奎

壁室

中関煉氣化神息住

牛車

巳

辰

鹿車

卯

沐浴

夾脊双関

寅

丑

羊車

乾六阳

夬五阳

大壮四阳

泰三阳

臨二阳

任督二脉

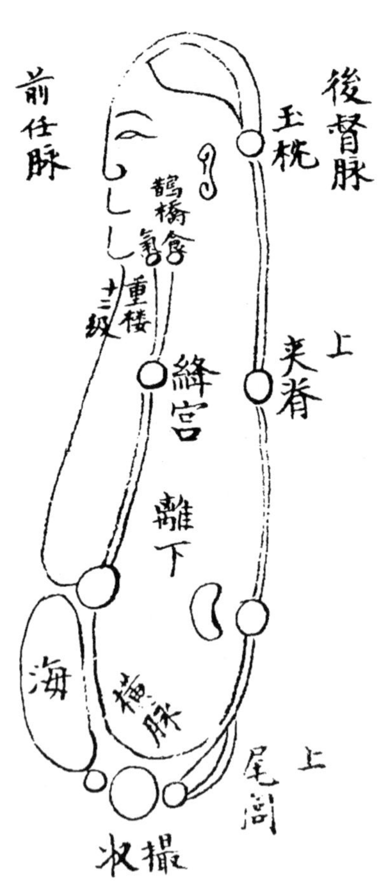

火符

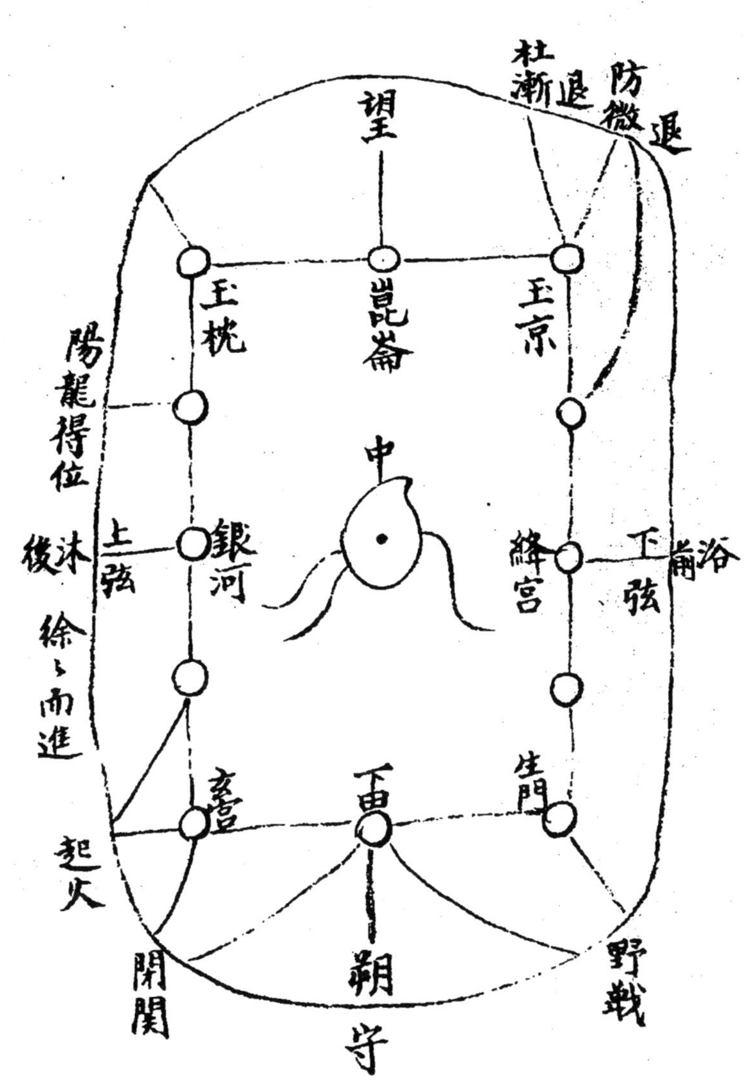

煉丹次第要知

第一。要知玄關一竅。此竅開于渾沌之初。人得之為性命之根。即中宮一寸二分是也。但不可以形蹟求之。號虛無之府。清淨之鄉。内有一點真陽之氣。自有生之後。散之于一身。所以仙真曰。四體百骸皆屬陰。不知何處是陽精。又曰。一點真陽秘藏深穴。不在心腎。而在玄關一竅。玄關一竅真端的。妙在真師一句閒。愚按此竅在腎中真氣發生之處

第二。要知閉關閉關。閉關。指陰蹻

之穴。在尾閭前陰囊下，即泄精之路也。閉者。危坐之時。以脚跟抵之。即閉。愚按閉者陽生之候，不使其氣下行，方為得藥。若得生陰蹻穴，則其藥已老，其閉之遲矣。即閉關開。開即脉通。閉即關開者，由此真陽之氣方能開通關竅也。此脉既通。諸脉皆通。所以泝流直上泥丸頂。關節總通，便駐顏。又曰。常使氣通關節透。自然精滿谷神存。谷神既存。元氣流行。邪氣不侵。化浮黎為蓬島。日現人世。非世人可測也。

第。三。要知調息綿綿。真息本自綿綿。奚以調為。只因身心不定。重楼浩〻而出。不復綿〻。學者但能閉目存神。心息相依。不調而調。順其自然。息自定而氣自生。衆人之息以喉。真人之息以踵。又曰。息往息来無間斷。金丹成就。合初原。黄庭經云。後有密户前生門。出日入月呼吸存。清陽云。玄牝無時交日月。中和極處位乾坤。观此。必須真息綿〻。方合造化之机。不然。只是呼吸上工夫。畢竟空劳無益。真息在腹中。呼吸在口鼻。

第四要知槖籥風聲。槖籥乃爐匣鞴管之物，往來不窮，即人調息綿綿之後，用之不動，方為真槖籥。仙翁兩謂天地以陰陽為槖籥，人身以玄牝為槖籥是也。槖籥風，即是內呼吸。

第五要知巽風坤火。前云槖籥風，即巽風也。巽取順義，順其自然也。（巽下斷陰氣發于下故謂之巽風）巽風既生，坤火自熾。俞玉吾云：坤居下為爐，非猛烹極煉則不能出爐；乾居上為鼎，非倒行逆施則不能升鼎。所以火非風生不能運動。所謂起巽運坤火。入黃房。成至寶。

第六要知烹煉陰精。陰精者。飲食之精。苟非巽風坤火猛烹極煉。此精必在身中作怪。思想淫慾。攪亂心君。務要凝神調息。使槖籥鼓風。而風吹火。烹煉陰精。陰精化氣。混入一身之氣。此氣再合先天之氣。總有藥也。仙翁所謂欲得先天以補後天。須資後天而育先天也。

第七要知煉精化氣。烹煉陰精。陰精化氣。混入一身之氣。即煉精化氣也。蓋一身之氣。乃後天之氣。始自先天而生。今因後天行事。故先天退藏。惟知有後天之用。不復知有先天之根。所以要煉精化氣注意中宫。須臾不離。使後天之氣。各歸其根。如子戀母。到此則先天之氣。再從竅中發出。化後天為一家。邵子所謂若問先天無一字。後天方要着工夫。李清庵云。下手自煉精始。精住。然後化氣。氣定。然後煉神。神靈。然後返虛。呂仙云。神養元精氣養神。此生之外更無真。

第八要知先天後天。先天後天者，即內藥外藥也。先天氣為內。後天氣為外。人若不知關竅，不辨先後，縱能積聚後天，亦無用也。必須後天積聚，修築城郭，然後先天之氣，再從竅中發出，化後天為一家，氤氳結成鉛汞。始則汞投鉛竅，終則鉛度汞關。到此總言藥物也。先天以元精元氣元神而言，故曰內。後天以交感之精、呼吸之氣、思慮之神而言，故曰外。

第九要知鄞鄂。鄞鄂已立。鄞鄂者，即神室也。神室，即玄牝也。苟非煉精化氣，先天後天混為一家，則鄞鄂何從而立。仙翁所謂混沌相交接。權輿樹根基。經營養鄞鄂。凝神以存軀。又曰。鄂內若無真種子。猶如水火煮空鐺。鄂即鄞鄂也。既有神室。即有種子。神室未立。種子何從胚胎。祖師曰。中虛寸餘。以安靈汞者是也。

第十。要知玄牝闔闢。玄牝闔闢者。即真息綿綿也。乃乾坤闔闢生生之機。無瞬息間斷。若間斷。此身即是死尸矣。學者行持。後天先天混為一家。其机自不容禦。太上所謂谷神不死。是謂玄牝。玄牝之門。是謂天地根綿綿若存。用之不勤者是也。

第十一要知融會交姤。後天先聚。先天後生。先後相參。打成一片。即混爲一家也。到此方爲坎離交。一周天也。擊壤集云。恍惚陰陽初變化。絪縕天地乍迴旋是也。

第十二要知河車運轉。北方正氣。名曰河車。自坎離交姤之後。氣中生真一之水。水滿即行。河車運轉前後通達。自然逆升。仙翁所謂上鵲橋。下鵲橋。又曰。河車不暫停。運入崑崙頂是也。

◎第十三要知天人合發。河車運轉。自然逆行。不拘時候。謂之人元。靜坐至八月十五夜。金旺水清之時。天地交姤。氤氳之氣周旋。與人身交姤冲和之氣相應。同運並行。盜天地之金精。感天地之清氣。謂之天元。直至九次。謂之九轉。仙翁所謂天液望中能採取。天魂地魄結灵丹是也。人元天元。隨人力量所至。或自人元而至天元。或自天元而了大事。大抵自人元而至

天元者多。自天元而了大事者也

第十四要知河車停止。一身陰氣日逐剝盡。陽氣收歸竅內。恍若月魄吸盡日魂。光滿太虛。又曰。性與命合則長生。日與月合則長明。到此河車復不轉矣。只是忘形養氣。意存中宮。存而不着。終日如愚。一靜虛而已。仙翁所謂丹灶河車休矻矻。鶴胎龜息自綿綿。

第十五要知煉氣化神。河車停止之時。行其所無事。只是虛靜抱一以候之。真息綿綿。氣自化神。但覺杳杳冥。〻。恍〻惚〻。始如火炎。終如雲霧。揚蟠糾結。壺中夫婦歡娛之妙。不可以言語形容。到此方為真胎真息。仙翁所謂胎因息生。息因胎住是也。又曰。修煉到此。積氣成形。鶴公所謂是性命。非神氣。方說得歸根歸命。返本還元。否則終是後天查滓。安望成丹

第。十。六要知混沌鴻濛。到此地位。昏〻默〻。大死一般。靜已極而未至於動。陽將復而未離于陰。其中妙用。即善閉者無關。善守者無城。善戰者無兵。善治者

無刑。仙翁所謂濁者清之端，昏久則昭明。又曰：觀夫雄雌交姤之時，剛柔相結而不可解者是也。雌雄交姤，則神在氣內，氣包乎神，神神不可出，故昏昏默默，大死一般，正混沌鴻濛之時，少焉神出，則昭明矣。

第十七要知大死再活。當混沌鴻濛之際，歸根歸命。神凝精結，八脈俱住，呼吸皆無，璇璣玉衡一停停轉。而日魂月魄皆沉淪于北方海底，恍若氣索命絕，絕後復蘇。參同契曰：氣索命將絕，休死忘魂魄，是也。

◎第十八要知雷鳴電掣。到此地位。鑿開混沌。劈裂鴻濛。水中火發。陰陽相摩。聲光迸出。自下元湧起。恍若雷鳴電掣。乃真景也。此正大死再活之時。煉士於此一意不散。順其自然升降。不必規規火候。而火候自然符合。所謂真火無時候。大藥不計斤是也。

◎第十九要知煉神還虛。忘虛合道。到此地位。一味付之自然。虛則神神則道。不知其還而還。不知其合而合。稍若有知。即不化。惟神能化。惟道襲虛。

◎第○二○十要知金丹點化○超出世界○金丹者○先天真陽之炁也○五千四十経罷符○至若将此藥點化先天真陽之炁○即脱胎而出陽神也○陽神既出○、即頑殼○養至强之壮○破頂而出○身外有身○未為奇特○還要移爐換鼎○再造乾坤○直到形神俱妙○與道合真○則先天能事畢矣○仙翁所謂汞是我家原有物○鉛是他家不死方○此移換之事也○点化者清淨頭彼家尾也○非道成不能用愚难、、今方士合下先言用愚○謂之先清後濁不思凡胎俗骨超出世界者○形神豈能成受此又不可解矣俱妙。與道合真。宇宙在乎手。萬化生乎身。縱橫自在。無碍逍遙。非人非仙。亦人亦仙。五行不能拘。至聖不能測。詩曰。學人何必苦求師。泄盡天机在此書。八洞神仙猶下拜。真丹結就髻中珠。

謹按二十條。由下手而化神。字字明闡。皆仙真度人若心。芬得之程一德。程得之吳景福。吳得之尹真人。後之閱是書者。庶知其所自來。不可忽也。

崇禎八年歲在乙亥朗蟾子季芬跋

清康熙四十八年歲在己丑仲春得之社兄沈容若
容若得之聖與楊先生楊得之常有馬先生弟子沈
國器識

康熙五十七年戊戌中秋弟子楊典求得是書盥手
拜錄

壺齋老人口訣問答

性命雙修丹訣至秘。性在養神。命在採氣。採氣有法。不可搬運。一身血氣。後天無用。元氣真陽乃屬先天。採之以時。時氣為為偽火。子寅之間。陽氣將生。披衣起坐。隨息綿綿。隄防錯過。隄防日久。自見分明。兩腎中間一縷光生。從竅湧出。欲過關元。惟困起坐。只得逆還。烝歸丹元。日有增益。微以意迎。待他烝動。然後看他起不得若烝未動先看他起永起矣。升于神室。腎烝上升。心液下降。神氣交姤。坎離取象○交姤數足○落入黃庭○心下臍上一日一粒○黍米漸增○神凝氣聚○逼使上升、尾閭泥丸○復降黃庭○升降循環○五六七遍○又復凝然○澄潭月現○神氣愈盛○交姤愈靈○內而心腎○外而一身○任督二脉乾坤交姤○河車運轉○徧體光明○紅爐氣煖○陽氣日長○陰氣日消○陰盡陽純○出神匪遙○煉氣煉神○斯言可述○若欲煉形○別有口訣○起我陽火○煅煉陰精○形骸如鐵○委脫常存○煉精煉炁○養神為先○神若昏亂○氣亦不会○養神之法○浩浩落落○調節飲食。迸絕愆怒。無思無為。與天為徒。非了性者。不能到此。須入老莊之室。乃為究竟。

坎離小交姤

丹田積氣之久。儼若有物。此時自兩腎如火。而氣直上升。面俱蒸熱。其中形象有一塊。或如鷄卵。或如鉄棰。時向臍下衝撞。此時最要隄防。最怕夢遺走氣。用功時更宜抑靜。用意目力微視之。彼自有一線起。如一縷香煙上升。直至離宮。離宮亦自有照應。即交姤若不起。不可性急。惟有䟽之而已。若起至離宮時。當觀其盤旋。々々既久。自下落黄庭。々々爲二物交姤之地。至此處復大盤旋。當聽其盤旋儘透。或直至寅時不休。不宜睡倒。此爲坎離小交姤。交姤既定。彼自歸血。候其無知無覺。然後轉轆轤散火。退火既訖。便放身熟睡。若慮其真氣下行夢遺。宜食大棗一二枚。

乾坤大交姤

後忽然一兩日不見動静。兩日之後。却先從陽道底

下。堅熱又麻。又從尾閭亦堅熱麻。從背脊一寸一寸
堅熱上來。直至玉枕。次至面。又在人中上下交姤。後
又直至離宮。此謂大交姤。快活難形容也。
問。用功時雜念起若何。　答曰。用隨息法以除之。夫
息之遲連粗細。惟隨其自然。不可作意要遲與細也。
先天炁為水中真火。水靜則真火乃發。心意為離火。
着意則離火明而坎水不靜。水不靜則水虧。而真火
不起。

子初陽生。起坐便得真種丹頭。功効百倍。丑寅後使精氣不走失。則後天可配先天。

問性命之理。答。性即神也。命即氣也。神凝即氣固。氣聚即神靈。性無命不立。命無性不存。仙翁云。神是性兮氣是命。神不外馳氣自定。本來二物互相親。失却將何為把柄。下手工夫。莫切于此。

問火候之旨。答。火即神也。以神馭氣。運用周天。神即火也。雖云聖人傳藥不傳火。非不傳也。若遇真師

口訣方知藥即火〻即藥知藥火自知一動一靜進退自然故曰真火本無候大藥不計斤蔣先生云凝而聚之〻謂藥運而行之〻謂火

問何謂沐浴　答洗心滌慮冥情滅念有無俱遺動靜兩忘〻無可忘之謂清淨此之謂沐浴

問温養之法　答存乎一守乎中真息綿〻含光默默念中無念專氣致柔如鷄覆卵如龍養珠朝斯夕斯念茲在茲不可頃刻放失此之謂温養

◎問。如何調息。 答。調是作用。若心中無事。自然定息。有意調息。即非調息。

◎問。處靜之際。如何得念不起。昏睡少。 答。只是神氣恬。若裡頭實。不看物。自然無念。昏睡少也。若事物上心。便休歇去。一塵不受。飲食減少。心上輕快。自然昏睡少。便有須少昏。也不妨事。

◎問。何修得氣不散。 答。身無為。 問。何由得神不昧。 答。心無事。

初事靜坐，必苦于心不定，煩雜之念一時頓作，切不得急欲定之。若急欲定，反不得定，惟寬寬慢慢任之，自然靜定。譬如濁水，待其清則自清，急欲澄則難澄。故定觀經以束心太急為戒。若心不定，或惡境或別境出現，當回心泯意，密念太乙救苦天尊聖號，自然靜定。

一出，便收來，既歸，須放下。

煉精化氣問答

問。子時因日氣動。故陽氣動。亦有人未到子時陽氣先動何故。　答。未到子時。斷無動者。即有動。亦是後天氣。或功夫足者。前氣絪緼則有之。

問。子陽天然火候。何時進。何時退。　答。只是一時至則進。進則退。初則少進即退。功日深。則進自久。不可定也。

問。子時有氣無質。何時則有質矣。　答。過子即質。子時即坐起。而心散亦易成質。故須虛靜為要。所謂質者。順。則。成。精。之。謂。若精化氣。逆則成丹。即無質矣。

問。丑下半時。即成質否。　答。上半時若不坐迎。即成質。若坐迎。即不成質矣。以先天点化後天。故不成質。

問。子坐後。若雜念多。亦積氣否。　答。縱氣積。而不可與入道。

問。所採之藥。老固不佳。為何嫩亦不佳。　答。嫩則怕恐其易散。如少男少女。未十五歲時。不能結精生育也。

問：三時坐，少昏睡，有微益否？

答：以道言之，少睡自不如無睡；以益言之，則坐而睡自勝于卧而睡。

問：不過寅而睡，為何夢遺？

答：過寅則不復陽舉，不過寅則陽尚舉，以積陽之氣當陽舉之會，其易走泄比平日更倍。

問：三時行功，多云不宜溺，何故？

答：溺急而忍之，則心動，不如因欲溺而輕輕行之，反得釋然于初坐時。須快然一溺，使中無所蓄；夜間少飲，使絶多溺之

尤。要。也。惟氣来之時。亥子之交。不可遲。遲則氣恐覺

問。寅後爲何不宜採藥。答。以。後。天。氣。老。也。寅。尚。老。

矣。況。寅。後。乎。

問。夜採氣。使氣上升。日守中。使氣下沉。日。夜。用。功。相。

反。何。故。答。功有初中卒之不同。初功採氣。止採于子

一時。沐浴于丑。至寅。二候中功。自坎離交。以至乾坤

交。亦止于子一時。過此則沐浴。于丑至巳。三候卒功。

煉神還虛。採不可以一時定。姤亦不可以一時畢。統

沐浴於晝夜十二候，真活子時也。其初中之用，晝夜似相反者。所謂防危杜險，恐微陽數動，反為後天之氣驅役耳。

問：如何是沐浴？答：沐浴者，內為洗心滌慮，外為薰蒸頂踵，總是溫養法。但不消耗心神，更不加功勤猛。

問：坎離未姤前，午後可行功否？答：且勿行功。恐後天之氣，即陰盛反搖動先天之氣。坎中真陽與離中真陰相姤，而凝成黍粒。

之精。初。坐。時。微。吐。氣。坐。過。亦。為。微。吐。此。散。火。之。法。如卩伩

氣恐覺

不。宜。行。之。

築基煉已問答

問。參同契云。浮游守規中。何義。答。規者。虛無之義。中者。不出腔子之義。浮游者。無定之義。只云中。使可執守。又云規。則。非。守。之。可。定。知。故曰。浮游守。寄念于臍内一寸三分者。以玄。牝。穴。也。氣。海。也。二穴皆至虛。

寄念于此。則不生病。

問。如何是玄牝。答。不是一件。是兩件。玄是玄。圈之中是牝。兩件是玄牝之門。以門有兩也。

問。師教某勿守心腎中間。爲此處不虛。恐生病。丹書爲何有教人守心腎中間。答。心腎肺肝中。稱爲玄關者。此修性之家。所謂一粒玄珠。即先天之神。是嫡[illegible][illegible]。[illegible]須悟性始得。不爾則着意守之。必成膈症。臍內[illegible]三分者。此修命之家。無可寄養元神。故于呼[illegible]

收拾身心。稍々得静。云是不如前所指。　氣恐覺

問。如何是天玄牝。人玄牝。答。天玄牝者。人身中[illegible][illegible]

象。得之于父母生我之竅。人玄牝者。非人身杳[illegible]

是乾坤交後而始成。丹書所謂此竅非凡竅。乾坤共

合成是也。

問。如何是外玄牝。內玄牝。答。外則專指採藥所成。

內則合主神氣所聚。

問。丹書中隨息隨字。師換聽字。何義。答。隨息是太

前聽。正所以爲隨。至于聽之久。息無其息。則聽憑其沉沉杳冥而已。聽也者。猶之隨也。予及餘時。有雜念起。則隨息。若無雜念。連息亦不須隨。隨隨息非實法。無非寄。念之法也。

上丹田爲性根。下丹田爲命蒂。白玉蟾真人曰。人生在 母腹中。其臍蒂與母相連。母呼亦呼。母吸亦吸。及于降誕。剪去臍蒂。然後各自呼吸。而受一點元精。則栖于下丹田中。而寄體于腎。下丹田。

此。前對臍後對腎。居臍腎中間。其連如環。　氣恐貫
分。周圍有八竅。前後二竅以應乾坤。上通泥丸？卩丸。
湧泉。旁六竅。以應坎離巽震兑艮六卦。以通六脉一
身之氣。皆萃于此。如水之朝東。軸之湊轂也。故下丹
田。謂命之蒂。其性。即在泥丸。而寄體于心。泥丸在人
之前。明堂之間。六合之内。是謂頂門。故世稱頂門為
顖門。顖、即性也。顖開。皆知夙世姻緣等事。合則忘之。
矣。故泥丸謂之性根。能知性根命蒂。始可言修煉

圖書在版編目(CIP)數據

馬衍集 / 趙廣明, 梁恒豪編. -- 北京 : 社會科學文獻出版社, 2021.5

ISBN 978-7-5201-8120-4

Ⅰ. ①馬… Ⅱ. ①趙… ②梁… Ⅲ. ①馬衍－文集 Ⅳ. ①B249.9-53

中國版本圖書館CIP數據核字（2021）第052209號

馬衍集

編　　者 / 趙廣明　梁恒豪

出 版 人 / 王利民
責任編輯 / 范　迎

出　　版 / 社會科學文獻出版社・人文分社（010）59367215
地址：北京市北三環中路甲29號院華龍大厦　郵編：100029
網址：www.ssap.com.cn

發　　行 / 市場營銷中心（010）59367081　59367083

印　　裝 / 三河市東方印刷有限公司

規　　格 / 開　本：787mm×1092mm　1/16
印　張：25.5　插　頁：0.75　幅　數：396幅

版　　次 / 2021年5月第1版　2021年5月第1次印刷

書　　號 / ISBN 978-7-5201-8120-4

定　　價 / 398.00圓